100 Kinder
by Christoph Drösser
Illustrations by Nora Coenenberg
© 2019 by Gabriel in Thienemann-Esslinger Verlag GmbH, Stuttgart
All rights reserved.

No part of this book may be used or reproduced in any manner whatever without written permission, except in the case of brief quotations embodied in critical articles or reviews.

Korean Translation Copyright © 2019 by Chungaram Media
Published by arrangement with Thienemann-Esslinger Verlag GmbH
through BC Agency, Seoul.

이 책의 한국어판 저작권은 BC에이전시를 통한 저작권자와의 독점 계약으로 청어람미디어에 있습니다.
신 저작권법에 의해 한국 내에서 보호를 받는 저작물이므로 무단전재와 무단복제를 금합니다.

이 세상에 어린이가 100명이라면

유마, 루카스, 올리버, 그리고 리오에게
크리스토프와 노라로부터

크리스토프 드뢰서 글 | 1958년 독일에서 태어났어요. 18년 넘게 독일 유명 주간지인 《디 차이트(DIE ZEIT)》의 편집자로 일하며 독자들의 생활 속 다양한 질문에 답하는 칼럼 <맞아요?(Stimmt's?)>를 연재했어요. 지금은 미국 샌프란시스코에 살면서 프리랜서 저널리스트 겸 작가로 활동하고 있지요. 『알고리즘이 당신에게 이것을 추천합니다』, 『수학 시트콤』 등 20권이 넘는 책을 지었답니다. 그가 들려주는 사회 과학 이야기가 궁금하다면 홈페이지 www.droesser.net을 방문해 보세요.

노라 코에넨베르크 그림 | 1978년 독일에서 태어났어요. 일러스트레이터, 그래픽디자이너 겸 편집디자이너로 일하고 있지요. 2012년부터는 《디 차이트》에 합류해 그래픽을 담당하고 있어요. 디자이너 동료들과 함께 그래픽디자인 강의를 하며 여러 작품을 선보이고 있지요. 더 많은 그림을 홈페이지 www.ncoenenberg.de에서 감상해 보세요.

강민경 옮김 | 대학에서 독어독문학을 전공하고 졸업 후 독일계 회사를 다니며 글밥아카데미 출판번역 과정을 수료했어요. 독일 어학연수 후 현재는 바른번역 소속 번역가로 활동 중이랍니다. 옮긴 책으로 『젊은 베르테르의 슬픔』, 『꿀벌 마야의 모험』, 『도대체 왜 그렇게 말해요?』, 『피터 틸』 등이 있습니다.

크리스토프 드뢰서 글 | 노라 코에넨베르크 그림 | 강민경 옮김

이 세상에 어린이가 100명이라면

청어람 i 아이

차례

이 세상에 어린이가 100명이라면-우리는 누구일까요? 6
- 우리가 사는 곳 8
- 56명은 아시아에서 왔어요 10
- 13명은 중국어로 말해요 11
- 33명은 기독교를 믿어요 13

우리는 어디에서, 그리고 어떻게 살아갈까요? 14
- 48명은 도시에서 살아요 15
- 12명은 빈민가에서 살아요 16
- 5명은 길거리에서 살아요 17
- 15명은 바닷가에서 살아요 20
- 13명은 산 위에서 살아요 22
- 6명은 왕이나 여왕이 있는 나라에서 살아요 23
- 42명은 민주주의 국가에서 살아요 24
- 13명은 전쟁 중인 국가에서 살아요 28
- 1명은 피난을 가요 30
- 85명은 깨끗한 물을 마셔요 32
- 21명은 집에 전기가 들어오지 않아요 34
- 16명은 신발이 없어요 36
- 16명은 매우 가난해요 38

우리는 누구와 살까요? 40
- 20명은 부모님 중 한 분하고만 살아요 41
- 6명은 아빠나 엄마를 잃었어요 43
- 3명의 소녀는 결혼했어요 45
- 9명의 소녀는 18살이 되기 전에 아이를 낳아요 46
- 10명은 직장이 없는 부모님과 살아요 48
- 33명은 개를 키워요 50

우리는 무엇을 하며 시간을 보낼까요? 52
50명은 집에서 인터넷을 할 수 있어요 53
80명은 집에 텔레비전이 있어요 55
98명은 미키 마우스를 알아요 56
5명은 레고를 가지고 놀아요 57
100명은 음악 활동을 해요 60
17명은 외국으로 여행을 가요 62
52명은 집에 자전거가 있어요 64
4명의 소년과 1명의 소녀는 축구를 해요 66
75명은 수영을 못해요 67

우리의 건강은 어떨까요? 68
12명은 채식주의자예요 69
16명은 비만이에요 71
64명은 홍역 예방 접종을 받았어요 73
5명은 장애를 가졌어요 75
13명은 근시예요 78
66명은 병원에서 태어났어요 80
52명은 폭력 피해자가 된 적이 있어요 82

우리는 무엇을 배울까요? 84
54명은 유치원이나 학교에 가요 85
46명의 소년과 43명의 소녀는 읽기와 쓰기를 배울 수 있어요 87
38명은 학업을 마친 후 직업 교육을 받아요 90
10명은 일을 해요 91

세상은 어떻게 바뀌었나요? 94
이 숫자는 어떻게 알 수 있나요? 96
주요 출처 98
찾아보기 99

▶→ 지구에는 약 75억 명의 사람들이 살고 있어요. 앞의 수를 숫자로 써 보면 7,500,000,000이나 되지요. 그중 약 20억 명이 15살 이하 어린이예요. 상상이 안 될 만큼 정말 큰 숫자이지요?

그래서 어떤 사람들은 '만약 지구가 100명의 마을이라면 어떨까?' 하고 생각해 보았어요. 이 책에서 우리는 질문을 조금 바꿔 보았어요. '지구라는 마을에 어린이가 100명이라면?' 하고 말이지요. 어른들은 제외하고요! 이 세상에 100명의 어린이는 어떻게 살고 있을까요?

그러면 여러분은 다음과 같은 질문을 할지도 모르겠네요. '그럼 남자아이들은 몇 명이고 여자아이들은 몇 명이지?' 어린이 100명 중 남자아이는 52명이고, 여자아이는 48명이에요. 세계 거의 모든 나라에서 남자아이의 수가 조금 더 많기 때문이지요.

이제 여러분도 눈치챘겠지만, 이 마을에 사는 어린이 중 대부분은 여러분의 가까운 이웃이 아니라 머나먼 나라에서 온 어린이들이에요. 게다가 더 놀라운 점은 어린이 100명 중 대한민국에서 온 어린이는 단 한 명이라는 사실이랍니다!

▶→ 여러분이 우리나라에서 혼자 왔다고 상상해 보세요. 여러분과 함께 마을을 꾸린 다른 어린이들은 어떻게 생겼나요? 피부색이 모두 다르다는 점이 가장 먼저 눈에 띄겠지요. 밝은 살구색부터 검은색까지 아주 다양하지요. 서로 피부색이 똑같은 어린이는 단 한 명도 없어요.

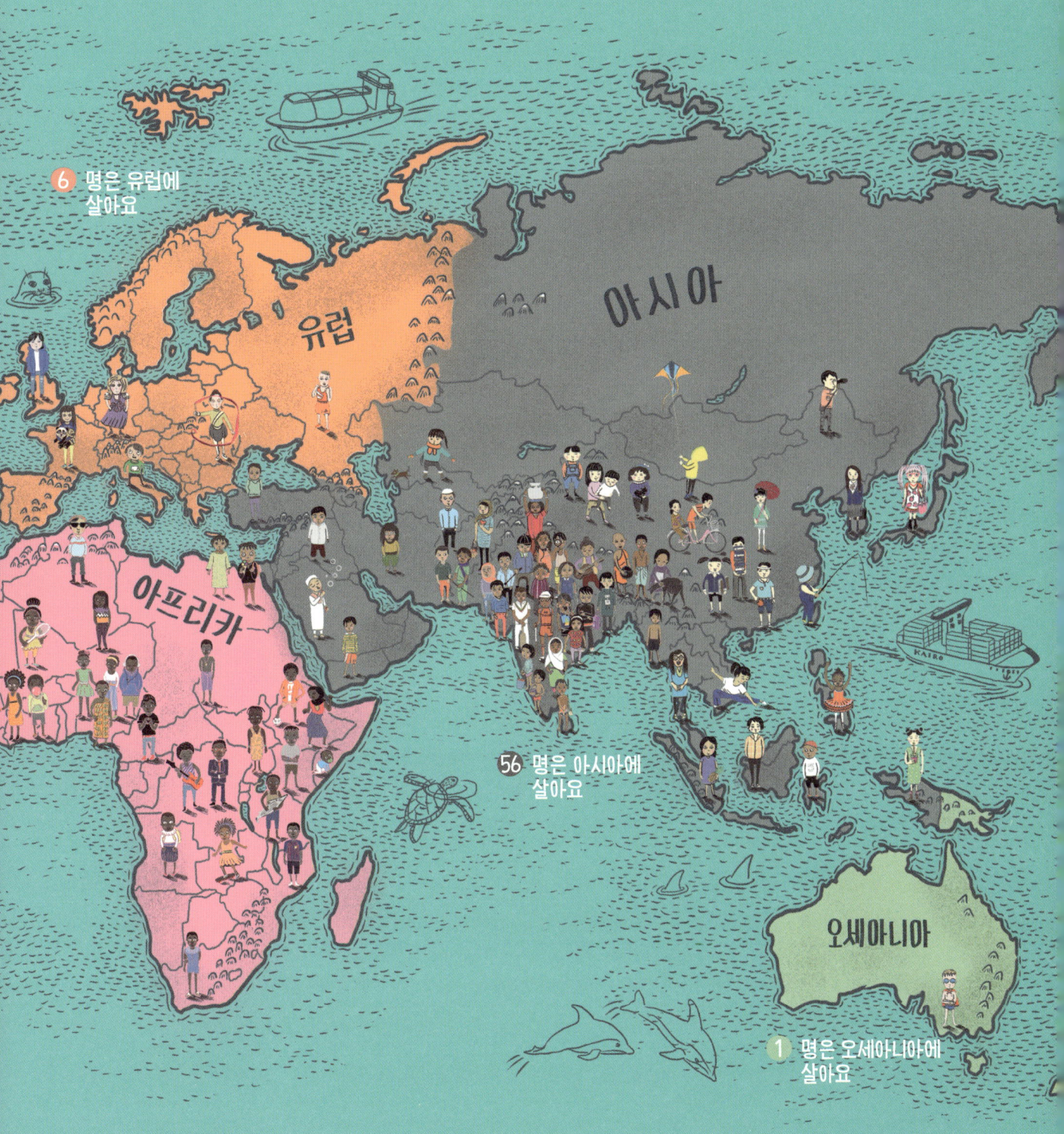

56명은 아시아에서 왔어요

>>> 제목 아래에 점이 보이나요? 점은 정확히 100개입니다. 각 점 하나는 우리 마을에 사는 어린이 한 명을 나타내지요. 제목에 나타나 있는 숫자만큼 점에 색이 칠해질 거예요. 이렇게 하면 비율을 한눈에 알아볼 수 있겠죠?

>>> 그렇다면 우리 마을에 사는 어린이들은 어디에서 왔을까요? 6명은 유럽에서 왔어요. 솔직히 말하면 아주 작은 숫자죠. 4명은 북아메리카, 즉 미국이나 캐나다에서 왔고 8명은 라틴 아메리카에서 왔어요. 어린이 중 대부분은 이외의 다른 지역에서 왔습니다. 25명은 아프리카 출신이고, 가장 많은 어린이가 아시아에서 왔어요. 무려 56명이나 된답니다. 그중 19명이 인도에서, 13명이 중국에서 왔어요. 어린이 중 한 명은 여러분에게 베트남어로 말을 걸 거예요. 오스트레일리아에서 온 어린이도 오직 한 명이랍니다.

13명은 중국어로 말해요

▶▶ 자, 그럼 이제 다른 친구들과 만나 볼까요? 편하게 말을 걸어 보세요! 그런데 과연 친구들이 여러분의 말을 알아들을 수 있을까요? 만약 독일, 베트남, 한국 어린이가 그 나라의 언어로 말한다면 다른 친구들이 알아듣기 어려울 거예요. 각각의 어린이들은 이 마을에서 그 나라의 언어를 모국어로 쓰는 오직 한 사람이니까요. 전 세계 학교에서 독일어, 베트남어, 한국어를 배우는 어린이도 드물답니다. 영어를 할 줄 안다면 상황이 조금 낫겠지요. 4명의 어린이가 부모님에게 영어를 배우고, 적어도 4명의 어린이가 외국어로 영어를 배우니까요.

대부분 여러분이 처음 들어보는 낯선 언어로 말할 거예요. 13명은 중국에서 사용되는 언어로 말해요. 그중 9명이 만다린어(중국의 방언 가운데 하나)를 사용하죠. 6명은 스페인어, 5명은 힌디어로 말해요. 힌디어는 인도에서 사용하는 언어랍니다. 4명은 모국어로 아랍어를 쓰고, 3명은 벵골어를 써요. 벵골어는 방글라데시에서 사용하는 언어예요. 2명은 포르투갈어로 말해요. 그리고 파키스탄에서 사용하는 펀자브어를 쓰는 어린이도 2명이랍니다.

오직 한 명의 어린이만 사용하는 언어로는 독일어, 러시아어, 한국어, 일본어, 자바어, 말레이어, 텔루구어, 베트남어, 프랑스어, 마라티어, 타밀어, 우르두어,

터키어, 이탈리아어, 광둥어, 태국어, 구자라트어, 페르시아어, 폴란드어, 파슈토어, 칸나다어, 말라얄람어, 순다어, 하우사어, 오디아어, 미얀마어 등이 있어요.

앞에서 나온 모든 수를 실제로 세어 봤다면 여러분은 놀랄 거예요. 모두 65명이니까요. 100명에 미치지 않는답니다. 나머지 35명은 다른 6,500개의 언어로 말해요. 전 세계 인구의 절반 이하가 소수 언어를 사용하거든요. 세계 대부분 지역에는 고유한 언어가 있어요. 예를 들어 태평양에 있는 파푸아뉴기니섬의 인구는 800만 명 정도인데, 이 지역 사람들이 사용하는 언어는 무려 700개가 넘어요! 인구는 한국의 7분의 1보다 작은데 말이에요.

그리고 절반이 넘는 어린이들이 두 가지 이상의 언어를 모국어로 사용한답니다. 이 어린이들은 아주 어릴 때부터 여러 가지 언어를 배워요. 예를 들면 공식적인 표준어와 지역에서 사용되는 지역 공용어를 배우지요.

33명은 기독교를 믿어요

>> 우리 마을에 사는 어린이들은 어떤 종교를 믿을까요? 가장 많은 신자를 가지고 있는 종교는 기독교입니다. 33명의 어린이가 가톨릭이나 개신교를 믿어요. 25명은 이슬람교를 믿는 무슬림이고요. 인도에 널리 퍼진 종교인 힌두교를 믿는 어린이는 14명, 불교를 믿는 어린이는 7명이에요. 6명은 토속 신앙을 가지고 있어요. 토속 신앙이란 특정한 동물이나 식물, 또는 사람을 숭배하거나 어떤 자연 현상에 신이나 영혼이 깃들어 있다고 믿으며 받드는 일을 말해요. 종교가 없는 어린이들이 있다는 사실도 잊어서는 안 되겠죠? 15명은 신을 믿지 않아요. 그중 대부분이 중국에 사는데, 중국은 종교의 영향력이 크지 않은 나라랍니다.

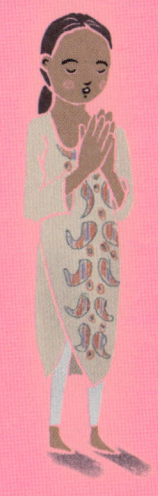

>> 이제 여러분은 우리 마을이 어떻게 이루어져 있는지 파악했을 거예요. 이웃 친구들에 대해 더 자세히 알고 싶나요? 친구들이 어떻게 사는지, 식량을 충분히 가지고 있는지, 친구들이 사는 곳에 전쟁이 일어나지는 않았는지 알고 싶지 않나요? 여러분은 곧 친구들이 여러분과는 다른 삶을 살고 있다는 사실을 알게 될 거예요. 우리가 사는 세상은 다채로우니까요. ✳

우리는 어디에서, 그리고 어떻게 살아갈까요?

48명은 도시에서 살아요

➤ 아주 오래전부터 사람들은 농촌에서 도시로 이주했어요. 100년 전에는 어린이 100명 중 15명만이 도시에 살았는데, 오늘날에는 절반 정도가 도시에 살아요. 그 이유는 무엇일까요? 농부로 살아가는 사람이 점점 줄어들기 때문이에요. 이제는 최신식 기계와 트랙터로 농사를 지을 수 있기 때문에 농촌에 인력이 많이 필요하지 않거든요. 게다가 개발 도상국에서는 기후 변화로 인해 땅이 말라 버리면서 농작물이 제대로 자라지 못해 재배되는 양도 줄어들었어요. 그래서 사람들은 도시에서 먹고 살기 위해 이주를 결심했지요.

➤ 예전에는 뉴욕이나 도쿄, 런던 같은 대도시가 부유한 국가에만 속해 있었어요. 각 도시를 자세히 들여다보면, 도쿄 인구가 가장 많아요. 3,700만 명이 살고 있답니다. 브라질의 상파울루와 인도네시아의 자카르타에는 각각 대략 3,000만 명이 살아요. ✳

12명은 빈민가에서 살아요

➤➤➤ 개발 도상국에서도 많은 사람이 도시로 이주하지만, 집이 부족해서 모든 사람이 살 수 없어요. 집세를 내기에는 너무 가난한 사람들도 많고요. 이들은 어디선가 찾아낸 철판이나 다른 재료들을 구해 오두막을 지어요. 그렇게 도시 한편에 빈민가 또는 슬럼이라고 불리는 지역이 생겨나지요. 빈민가는 국가의 허가를 받아 지어진 곳이 아니기 때문에 수도가 없어요. 전기도 이용할 수 없어서 빈민가 사람들은 불법적인 방식으로 전선을 연결해 사용한답니다.

빈민가에서는 사람들이 옹기종기 모여 살아요. 환경이 매우 비위생적이어서 병이 순식간에 퍼지죠. 이곳에 사는 사람들은 가난하고 대부분 직업이 없어요. 경찰도 자주 오지 않기 때문에, 빈민가에서는 범죄가 빈번하게 발생해요. 그리고 빈민가 어린이들은 공립 학교에 다니지 못해요.

다행히 지난 수십 년 동안 대도시에서는 상황이 조금 나아졌어요. 1990년에는 우리 마을 어린이 중에 18명이 빈민가에 살았지만, 오늘날에는 그보다 적은 12명이 빈민가에 살지요. ✻

5명은 길거리에서 살아요

>>> 빈민가에 사는 어린이들은 적어도 눈비를 피할 만한 지붕이 있는 곳에서 가족들과 함께 살 수 있어요. 하지만 100명의 어린이 중 5명은 노숙을 해요. 집도, 가족도 없고 폭력이나 범죄에 그대로 노출되지요.

세계 곳곳에는 가족 모두가 노숙을 하는 사람들도 많아요. 미국, 프랑스, 독일 등 여러 나라가 그렇지요. 부모님이 직업을 잃고 더 이상 집세를 낼 수 없다면 노숙자가 되지요. 몇몇 나라에서는 국가가 노숙자들에게 도움을 주고 보호소를 지어요. 아빠나 엄마가 다시 직장을 찾으면 집세를 낼 수 있으니 더 이상 노숙을 하지 않아도 되는 어린이도 있어요. 하지만 길거리에서 사는 경험을 한다는 것 자체가 어린이에게는 좋지 않은 일이랍니다.

개발 도상국에서는 많은 사람이 홍수나 지진 등 자연재해 때문에 집을 잃고 길거리에 나앉기도 해요. 이런 나라에서는 피해를 입은 사람들을 도울 수 있는 국가의 지원이 부족하기 때문에 많은 사람이 평생 가난하게, 집 없이 길거리에서 살아야 한답니다. 인도에서는 어린이가 가족들을 먹여 살리기 위해 돈을 벌러 나가야 해요. 이 어린이들은 대도시 길거리에 앉아 지나다니는 사람들에게 구걸하지요.

➤ 가족이 아무도 없는 어린이도 있어요. 부모님이 돌아가셨거나, 집에 있는 걸 견디기 힘들어서 가출한 어린이들이에요. 부모님에게 폭력을 당했거나, 그저 집을 떠나고 싶었는지도 모르지요. 물론 이런 어린이들이 머물 보호소도 있답니다. 하지만 남아메리카의 대도시에서는 이 어린이들이 혼자 또는 여러 명이 무리를 이루어 길거리에서 살아요. 학교에 가지 못하고, 낯선 사람에게 납치를 당하거나 아주 어렸을 때부터 마약에 손을 대기도 해요. 그렇지 않으면 길에서의 삶을 견딜 수 없기 때문이지요. ✻

우리는 어디에서, 그리고 어떻게 살아갈까요? 19

15명은 바닷가에서 살아요

▶▶▶ 주변에 바다가 없는 곳에서 살다가 방학 때 바다에 놀러 가면 대부분 아마 이렇게 생각할 거예요. '바닷가에서 살면 얼마나 좋을까!'라고요. 오래전부터 많은 사람이 바닷가 근처로 이주했어요. 그 이유는 단순히 해수욕을 하거나 해변에 누워서 시간을 보낼 수 있기 때문만은 아니랍니다. 어부들은 그물을 던져 물고기를 잡으러 바다로 나가고, 거대한 항구에는 전 세계 곳곳으로 향할 배가 정박해 있어요. 외국에서 수입하는 크기가 아주 큰 물건들은 보통 바닷길로 오지요.

바다가 인접해 있는 나라에는 해안에 정착해 사는 사람이 많아요. 100명의 어린이 중 40명이 바다에서 최대 100킬로미터 떨어진 곳에서 산답니다. 40명 중 15명은 해안과 아주 가까운 곳에서 살아요. 바다에서 최대 10미터 정도밖에 떨어지지 않은 곳에서 말이죠.

바다 근처에 살면 정말 행복할 것만 같지요? 하지만 단점도 있답니다. 바닷물은 늘 같은 곳에서만 머무르지 않으니까요. 해일이 밀어닥칠 때도 있어요. 아주 거대한 파도가 눈 깜짝할 사이에 해안으로 밀려오는 현상이에요. 2004년에 인도양 부근을 휩쓴 지진 해일에 대해 들어본 적이 있나요? 당시에 아주 많은 사람이 지진 해일에 목숨을 잃고 말았답니다.

　게다가 기후 변화 때문에 앞으로 수십 년 동안 수온이 점점 따뜻해지고 빙하가 녹아서 바닷물이 늘어날 거래요. 그러면 해수면이 높아지겠지요. 얼마나 높아질지는 과학자도 아직 잘 몰라요. 그러나 지금도 많은 사람이 살고 있는 몇몇 지역은 꾸준히 가라앉고 있답니다. '그게 뭐? 가라앉기 전에 바다에서 먼 내륙으로 이사 가면 되잖아?'라고 생각할지도 모르겠네요. 이건 가난한 사람들에게는 쉬운 일이 아니랍니다. 그리고 남태평양 섬나라에는 높은 내륙 지역이 없어요. 이런 섬은 가까운 미래에 바닷속으로 완전히 가라앉고 말 거예요. 그러니 이곳에 사는 사람들은 다른 나라로 이주해야 하지요. ✻

13명은 산 위에서 살아요

➢ 수많은 관광객이 바다뿐만 아니라 산을 자주 찾습니다. 산에서 하이킹을 하거나 스키를 타기도 하고, 경치를 즐기면서 시간을 보내기도 해요. 우리 마을에 사는 어린이 13명처럼요. 유럽에는 해발 고도 1,000미터보다 높은 곳에 있는 도시가 드물어요. 독일, 오스트리아, 그리고 스위스에서는 몇몇 작은 도시만이 알프스산맥에 자리 잡고 있죠. 그러나 다른 나라에서는 상황이 완전히 달라서, 높은 곳에 대규모 정착지를 이룬 도시도 많답니다. 예를 들어, 볼리비아의 수도 라파스는 남아메리카 안데스산맥의 해발 3,800미터 고도에 위치하지요. 멕시코의 수도인 멕시코시티의 해발 고도는 2,200미터입니다. 1968년에 이곳에서 올림픽이 열렸을 때 많은 선수가 미리 특별 훈련을 받아야 했어요. 고도가 높은 곳에는 산소가 부족해서 금방 숨이 차기 때문이지요. ✳

6명은 왕이나 여왕이 있는 나라에서 살아요

여왕이나 왕은 동화 속에만 존재하는 사람들이 아니라 오늘날 많은 국가에 실존하는 인물들이에요. 이들을 왕관 쓴 국가 원수라고 부르지요. 군주국의 국가 원수를 이르는 말은 다양합니다. 리히텐슈타인의 국가 원수는 공작, 룩셈부르크의 국가 원수는 대공, 바레인의 국가 원수는 국왕(에미르), 오만의 국가 원수는 술탄, 일본의 국가 원수는 천황이에요. 이들은 대부분 공개적으로 나서지 않아요. 군주국에 사는 어린이 6명 중 5명은 '입헌 군주국'에 살아요. 입헌 군주제란, 국가 원수인 왕이나 여왕이 각종 행사 예식에 참여하고, 아름다운 옷을 입고 행진하고, 머리에 왕관을 쓰기는 하지만 국가를 다스리지는 않는다는 뜻이지요. 영국의 여왕인 엘리자베스 2세는 영국뿐만 아니라 캐나다, 뉴질랜드, 오스트레일리아의 국가 원수이지만 이 국가 중 어느 한 곳에서도 정치적인 개입을 할 수 없어요.

국가 내에서 강력한 권력을 휘두르는 절대 군주도 여전히 존재한답니다. 절대 군주제를 따르는 나라는 모두 아라비아반도에 있으며, 대부분이 사우디아라비아의 살만 국왕에게 복종하지요. ✳

42명은 민주주의 국가에서 살아요

▶▶▶ 민주주의 국가에서는 국민이 나라를 다스릴 정치인을 뽑아요. 독재 정권에서는 통치자 한 명, 또는 여러 명이 마음먹은 대로 결정을 내리고, 누구의 견제도 받지 않지요.

쉽게 이해되는 차이점 같지만, 사실 민주주의와 독재의 차이점은 복잡해요. 수많은 국가에서 투표를 거쳐 의회가 구성되지만, 이 의회가 국가의 중대사를 거의 결정하지 못하는 경우도 흔하거든요. 러시아가 아주 좋은 예지요. 이 나라에서는 대통령이 막대한 권한을 가지고 있어서 언론을 통제하고 통치에 방해가 되는 반대파를 제거한답니다.

매년 세계 167개국의 '민주주의 지수'를 조사하는 단체가 있어요. 민주주의 지수를 결정하기 위해 국가의 상황을 나타내는 조사 항목 60개를 평가하죠. 조사 항목은 해당 국가에서 선거가 이뤄지는지 여부는 물론, 국민이 불이익을 걱정하지 않고 자신의 의견을 말할 수 있는지, 약자들 예를 들어 피부색이 다른 사람들이 차별 대우를 당하는지, 정부의 통치가 제대로 이루어지고 있는지 등을 포함합니다. 모든 항목에 점수가 매겨지고, 각 국가는 0에서 10점 사이의 총점을 획득하지요.

그리고 점수에 따른 순위표가 작성됩니다. 모든 국가가 3개의 그룹으로 분류되지요. 공정한 선거가 이루어지는 국가는 민주주의 국가, 선거가 치러지기는 하지만 날림으로 처리되고 투표 과정이 자유롭지 않은 국가는 혼합 체제 국가로 나뉘어요. 혼합 체제란 여러 체제가 섞여 있다는 뜻이에요. 마지막으로 권위주의 국가가 있어요. 독재 국가라고도 하지요. 이런 나라에서는 국민들이 자유롭게 의견을 말할 수 없어요. 어린이 100명 중 33명이 독재 국가에 살고 있답니다.

스위스, 독일, 오스트리아는 모두 완전한 민주주의 국가에 속하며, 민주주의 국가 순위는 각각 10위, 13위, 그리고 16위예요. 한국은 21위로 아시아 지역 가운데 가장 높은 순위지요. 1위는 노르웨이, 꼴찌는 북한이랍니다. ✳

26 우리는 어디에서, 그리고 어떻게 살아갈까요?

우리는 어디에서, 그리고 어떻게 살아갈까요?

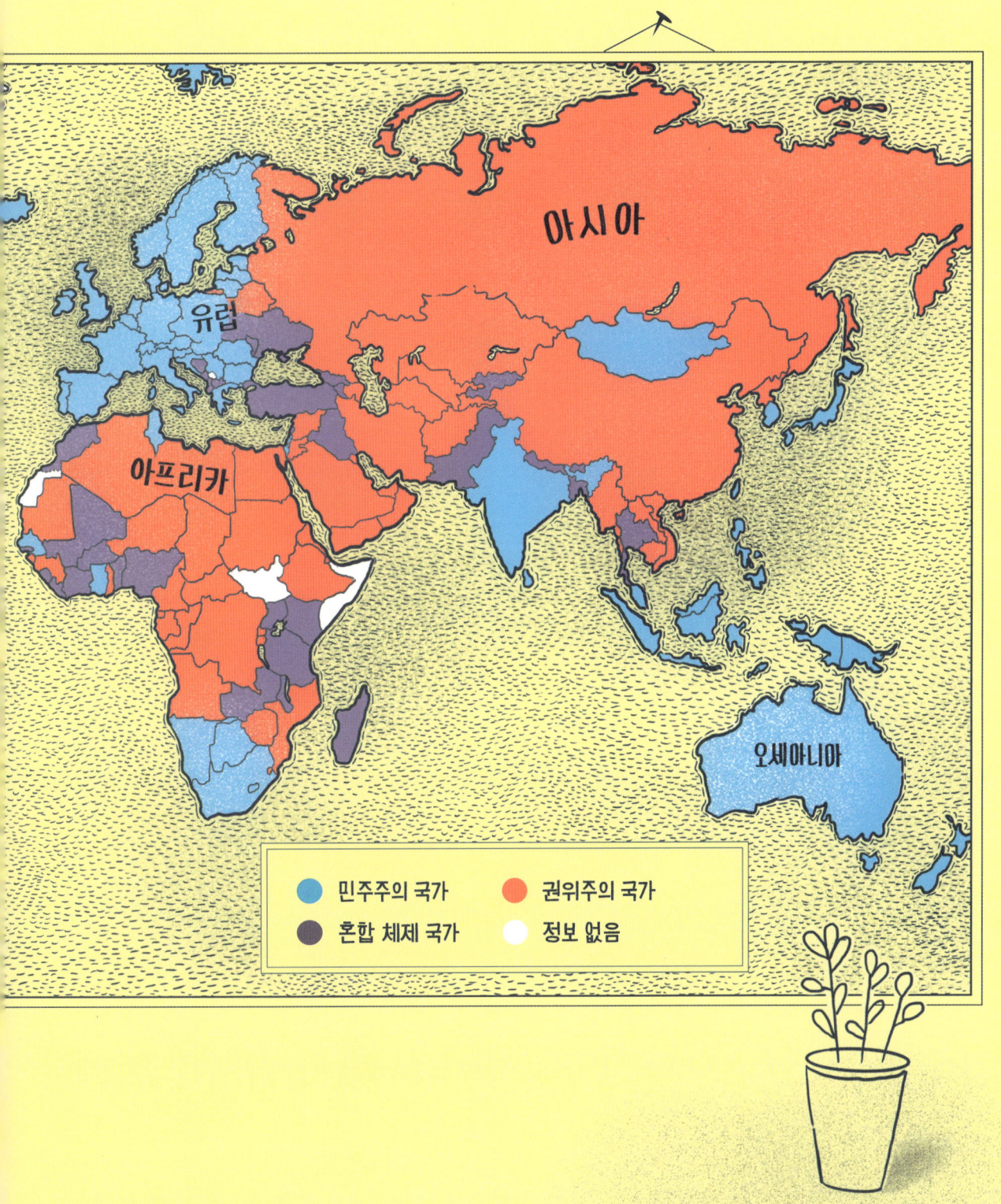

13명은 전쟁 중인 국가에서 살아요

>>> 한국은 전쟁의 아픔을 겪은 나라예요. 어르신 중에도 지난 전쟁을 기억하시는 분들이 계실 거예요. 아마도 여러분의 증조할아버지나 증조할머니가 전쟁에 관해 설명해 주실 수 있을 테지요. 친구들과 놀다가 갑자기 요란한 경보가 울려 놀이를 중단했던 때의 일을요. 공습경보가 울리면 사람들은 하던 일을 멈추고 가족, 친척들과 방공호로 후다닥 들어가야 했어요. 곧 전투기가 시내에 폭탄을 떨어뜨릴 것이니까요. 기관총이 내는 따닥따닥 소리를 들었을지도 몰라요.

이 세상 어딘가에서 늘 전쟁이 일어나고 있어요. 현재 전쟁을 겪고 있는 나라는 시리아와 예멘, 그리고 아프가니스탄이랍니다. 전쟁이 일어나는 이유는 다양해요. 국경 지대에서 벌어지는 영토 분쟁, 잔인한 독재자에 저항하는 민중의 내란……. 때때로 서로 다른 종교를 믿는다는 이유만으로 전쟁이 일어나기도 해요. 전쟁 중인 국가에 사는 어린이 13명은 전쟁과는 관련이 없지만, 학교가 문을 닫거나 식량이 부족해지는 문제를 겪어야 하지요. 또는 지뢰를 발견해서 가지고 놀다가 다치거나 심지어 죽기도 해요. 지뢰란 건드리면 폭발하는 작은 폭탄이에요. 폭탄이 집으로 떨어지거나, 대치 중인 군인들 사이에 우연히 끼어든 어린이는 전쟁의 희생자가 돼요.

많은 국가에서 어린이들이 병사로 징용되기도 해요. 이 어린이들은 무기를 들고 비슷한 또래의 어린이들과 싸워야 하지요.

전쟁의 참상을 경험한 사람들은 전쟁이 끝난 뒤에도 오랫동안 고통을 겪어요. 그래서 국제기구가 사람들이 평화롭게 지낼 수 있는 방법을 찾고 행동으로 옮기는 일이 매우 중요하답니다. 각기 다른 국적과 문화적 배경을 가진 사람들이 더 많이 모여 서로를 알아갈수록, 싸우고자 하는 마음이 사라지거든요. 유럽이 가장 좋은 예지요. 과거에 독일과 프랑스가 얼굴만 보면 으르렁대고 전쟁을 벌이는 숙적이었다는 사실을 기억하는 사람은 많지 않아요. 오늘날 두 나라는 좋은 친구니까요.

1. 명은 피난을 가요

➤ 어느 날 아침, 여러분의 부모님이 여러분에게 이렇게 말한다고 생각해 보세요. "꼭 필요한 물건만 가방에 챙겨라. 얼른 도망쳐야 하니까." 상상이 가나요? 마치 텔레비전 드라마에서나 벌어질 법한 이야기에 손에 땀을 쥐게 될지도 몰라요. 피난이란, 소지하고 있던 모든 물건은 물론 친구나 지인, 일자리와 학교까지 남겨두고 앞으로 무슨 일이 일어날지 모를 곳으로 도망치는 것을 말해요.

그렇다면 사람들은 왜 피난을 갈까요? 전쟁 지역에 거주하고 있어서 다치거나 죽기가 두렵기 때문이겠지요. 권력자들의 통치 행위가 옳지 않거나 신념에 어긋나서 쫓기듯이 도망치는 것인지도 몰라요. 자연재해로 집이 무너져서 새로 정착할 곳을 찾고 있는지도 모르죠. 또 지금 사는 곳에서는 직장을 구할 수 없어서 더 나은 삶을 살기 위해 고향을 떠나는 건지도 몰라요.

지난 몇 년 동안 수많은 난민이 독일로 갔다는 뉴스를 들은 적이 있을 거예요. 독일은 의무적으로 자기 나라에서 탈출한 난민들을 모두 받아들여요. 하지만 난민 중 대다수는 유럽이나 북아메리카의 부유한 나라에 가지 않아요. 대부분은 자기 나라에 머물거나 상황이 조금 나은 이웃 나라로 피난을 가지요. 아주 많은 사람이 국경을 단 한 번만 넘어서 가까운 이웃 나라로 도망친답니다.

우리는 어디에서, 그리고 어떻게 살아갈까요? 31

　그리고 이런 이웃 나라들은 자신들도 그다지 부유하지 않지만, 난민을 받아들이지요. 터키, 파키스탄, 우간다 등이 이 나라들에 속해요. 난민들은 이곳에서 넓은 수용소를 이루고 살아요.
　정치인의 예측에 따르면 앞으로 몇 년 동안 난민은 더욱 늘어날 거예요. 갑자기 모든 전쟁이 끝난다 하더라도 난민은 늘어날 거라고 해요. 산업 국가에서 시작된 지구 온난화 때문에 남쪽에 있는 많은 국가에서 식량난이 발생했고, 사람들이 더는 자기 나라에서 재배하고 수확한 식량만으로는 살 수 없게 되었거든요. ✼

85명은 깨끗한 물을 마셔요

➤ 물이 필요한 사람은 수도꼭지만 틀면 물을 얻을 수 있어요. 우리에게는 아주 당연한 일이에요. 그리고 우리는 용변이 마려우면 화장실에 가요. 어느 집에나 필요할 때마다 쓸 수 있는 수돗물과 변기가 있지요. 그러나 이것이 세계 모든 어린이에게 당연한 일은 아니랍니다. 몇몇 나라에서는 수돗물이 없어서 집 근처에 흐르는 강물을 이용해요. 그런데 강물에는 강을 거슬러 몇 킬로미터 떨어진 마을에서 흘러온 대변과 소변이 함께 흘러요. 이렇게 더러운 물을 마시면 사람은 병에 걸리고 말 거예요. 우리의 배설물에는 병균이 많거든요. 누가 길거리를 화장실처럼 사용한다면 정말 지저분하겠지요?

국제 연합(UN)은 얼마나 많은 사람이 깨끗한 물을 이용하고 위생적인 화장실을 사용하는지에 관한 보고서를 꾸준히 제시해요. 우리는 이 보고서에서 최소한의 식수와 최소한의 화장실을 이용할 수 있는 어린이들의 수를 따져 보았어요. 최소한의 식수란, 집 안까지 수도가 연결되지 않았더라도 30분 이내에 이동해서 깨끗한 물을 얻을 수 있는 경우를 말해요. 30분에는 이동 시간은 물론, 수돗가에서 기다리는 시간도 포함돼요. 어쩌면 물이 수도에서 나오지 않을 수도 있어요.

깨끗한 샘이나 우물에서 물을 긷거나 물 배급 트럭에서 물을 받는 사람들도 있지요. 우리 마을 어린이 중 62명은 최소한의 화장실을 이용해요. 물이 흐르는 양변기가 아닐지도 모르지만요. 어떤 아이들은 간이 화장실을 이용해요. 거의 모든 나라에서 도시의 상황이 농촌보다 나아요. 전 세계 농촌에 사는 어린이가 100명이라면 이 중에 76명만이 깨끗한 물을 마시고, 45명만이 집 안에 화장실이 있어요. 절반도 안 된답니다!

걱정스럽게 들리겠지만, 지난 30년 동안 상황이 조금씩 나아졌어요. 1990년만 해도 어린이 100명 중 73명만이 깨끗한 물을, 52명만이 화장실을 이용할 수 있었으니까요. ✳

21명은 집에 전기가 들어오지 않아요

▶▶ "전기 낭비하지 말고, 불 꺼!" 여러분의 부모님이 가끔 이렇게 말씀하시지 않나요? 맞는 말씀이랍니다. 전기 낭비는 비싼 전기 요금으로 이어질 뿐만 아니라 환경에도 나쁜 영향을 미치거든요. 사람들은 석유, 가스, 석탄 같은 화석 연료를 이용해 너무 많은 에너지를 사용해요. 그 과정에서 화학식으로 CO_2라고 부르는 유해한 이산화탄소가 만들어진답니다. 이것이 필요 이상으로 많아지면 온실 효과가 발생해요. 그 결과 지구는 점점 더 따뜻해지고, 자연의 균형이 망가지지요.

하지만 각 국가의 에너지 소비량은 서로 달라요. 특히 독일에서는 모든 사람이 각각 1년에 CO_2를 약 9톤 정도 만들어 낸답니다. 세계 사람들의 평균보다 두 배 정도 높아요. 무슨 뜻이냐고요? 만약 지구상의 모든 사람이 독일인들처럼 산다면 유해한 온실가스 배출량이 두 배로 늘어날 거예요!

반면 에너지를 조금밖에 사용하지 않는 나라도 있어요. 아프리카 국가 중 대부분은 1인당 CO_2 배출량이 연간 100킬로그램 정도입니다. 독일의 거의 100분의 1 수준이지요. 에너지를 풍족하게 사용하지 못하는 사람이 많으니까요. 우리 마을에 사는 어린이 중 21명은 집에 전기가 들어오지 않아요.

개발 도상국이 발전된 국가의 실수를 되풀이하고 CO_2를 대량으로 만들어 내는 것은 어리석은 일이에요. 그래서 가능하면 태양, 바람, 물 등 천연자원의 힘을 이용해 전기를 만들어내는 편이 현명하답니다.

그렇다면 사람은 무엇을 할 때 전기를 가장 많이 사용할까요? 어쩌면 여러분은 텔레비전이나 게임기를 떠올릴지도 몰라요. 하지만 살아가는 데 그보다 더 중요한 일들에 전기를 많이 이용한답니다. 예를 들어 밤에도 글을 읽고 공부할 수 있는 전등, 음식을 더 오래 보관할 수 있는 냉장고, 다른 사람들과 연결하고 정보를 얻을 수 있는 컴퓨터나 전화기 등이죠. 음식을 만드는 데도 전기가 필요하고요.

》→ 이 세상의 모든 사람이 음식을 만들어 먹어요. 아프리카 지역에서는 나무나 말린 쇠똥으로 불을 지펴 전통 방식으로 요리를 만들지요. 오두막이나 텐트에서 불을 피워 음식을 만드는 사람들도 있는데, 때때로 유독한 연기를 마시기도 한답니다. 매년 많은 사람이 유독 가스 때문에 죽어요. 우리 마을 어린이 중 43명의 집에는 이렇게 위험한 부엌이 있답니다. ✻

16명은 신발이 없어요

>>→ 여러분이 가지고 있는 신발은 총 몇 켤레인가요? 운동화, 장화, 샌들을 한두 켤레씩 가지고 있겠죠? 어쩌면 여러분 중 몇 명은 참새가 방앗간에 들르듯 매번 신발 가게에 들어가 신발을 사는 '신발 애호가'일지도 모르겠네요. 그리고 신발이 마음에 들지 않는다는 이유로 한두 번 신다가 신발장 구석에 처박아두거나 쓰레기통에 버릴 테지요.

그런데 여러분이 신발을 두 켤레, 세 켤레…… 여러 켤레가 아니라 단 한 켤레도 가지고 있지 않다고 상상해 보세요. 어린이 100명 중 16명은 신발이 없어요. 신발이 없는 삶은 과연 어떨까요? 겨울에는 발이 엄청 시리겠지요. 다행히 신발 없이 살아가는 어린이 대부분은 따뜻한 지역에서 살아요. 발이 매우 더러워질 거라고요? 그러면 저녁에 발을 씻으면 되지요.

우리는 어디에서, 그리고 어떻게 살아갈까요? 37

한번 상상해 보세요. 이런 어린이들이 사는 나라에는 보도나 도로가 없어요. 대신 먼지와 돌이 가득한 흙길만 존재해요. 마치 칼처럼 뽀족한 돌이 발에 상처를 입힌답니다. 길에 쌓인 오물과 먼지가 상처에 들어가면 병이 생겨요. 이런 어린이들은 부모님 차를 타고 학교에 갈 수도 없어요. 학교는 보통 수 킬로미터 멀리 떨어져 있지요. 그래서 이 어린이들은 맨발로 학교까지 걸어 다닌답니다. 이런 이유 때문에 아예 학교에 가지 않는 어린이도 많아요. 신발이 없으니까요.

▶▶ 신발 몇 켤레가 인생에 여러 가지 기회를 줄 수도 있다는 사실을 알고 이를 위해 활동하는 구호 단체도 있답니다. 이런 단체는 우리가 사용하지 않고 신발장에 넣어둔 신발을 모아서 자연재해로 집과 생필품을 잃은 사람들에게 전달하지요. 때로는 헌 신발을 개발 도상국으로 보내서 구두장이에게 신발 수선을 맡겨요. 그러면 신발이 새것처럼 변한답니다. 이 과정을 통해 개발 도상국의 어린이들은 물론, 어른들도 일을 해서 돈을 벌 수 있어요. ✱

16명은 매우 가난해요

가난하다는 건 무슨 뜻일까요? 가난을 두고 과학자와 정치인은 오랫동안 논쟁을 벌였답니다. 예를 들어 사람이 최소한 존엄하게 사는 데 필요한 물건이 있는데, 이를 가지지 못한 사람은 가난하다고 볼 수 있지요. 하지만 이웃과 비교했을 때 물건을 조금밖에 사지 못하는 사람을 가난하다고 볼 수도 있어요. 부유한 나라에서 사는 사람은 굶주리지 않아요. 그렇지만 다른 사람보다 돈이 적은 사람도 많지요. 빈곤한 가정의 어린이들은 브랜드 의류를 입지 못한다는 이유로 학교에서 따돌림을 당하기도 해요. 우리가 살아가는 데 브랜드 의류가 꼭 필요한 것은 아니지만, 같은 반 친구들과 같은 옷을 입지 못하면 소외된 기분이 들겠지요.

빈곤은 각 나라에서 다른 뜻으로 쓰여요. 독일에서는 빈곤이 가난한 사람 중에서도 가장 가난한 사람들, 즉 매일을 살아가기 위해 고군분투해야 하는 사람들을 말해요. 세계은행이 빈곤과 관련된 숫자를 조사한 적이 있어요. 세계에서 가장 가난한 나라에서는 어떤 사람들을 빈곤하다고 하는지 알아본 것이죠. 그 결과는 다음과 같아요.

하루에 1.9유로(우리나라 돈으로 약 2,500원) 이하를 벌어서 식량과 집세를 충당하지 못하면 매우 가난하다고 해요. 아마 이 돈을 여러분의 용돈과 비교한다면 하루 2,500원이 적은 돈은 아닐 거예요. 하지만 용돈은 여러분이 사고 싶은 것을 사기 위한 돈이고 여러분의 부모님이 그 외의 돈, 예를 들어 식비, 집세, 의류비, 교통비, 여행 비용 등을 지불하지요.

유럽과 북아메리카에는 사실 그 정도로 적은 돈을 버는 사람이 없어요. 우리 마을에 사는 아주 가난한 어린이 16명 중 10명은 아프리카에서 왔고, 5명은 인도에서 왔답니다.

다행히 매우 빈곤한 사람들의 숫자는 점점 줄어들었어요. 1990년 이후 거의 절반 수준이 되었지요. 특히 중국에서 대단한 발전이 이루어졌습니다. 심각한 빈곤이 거의 사라졌거든요. 인도와 아프리카에서도 속도가 느리긴 하지만 역시 빈곤이 줄어들고 있어요.

우리는 누구와 살까요?

20명은 부모님 중 한 분하고만 살아요

>>→ 아빠, 엄마, 아이는 이미 오래전부터 '일반적인' 가족 구성이 아니랍니다. 그동안 가족 구성은 아주 다양해졌어요. 엄마가 두 명, 또는 아빠가 두 명인 어린이도 있답니다. 엄마가 더 이상 아빠와 함께 살지 않고 다른 남자와 재혼해서 새로 생긴 형제들과 함께 사는 어린이도 있지요. 이런 가족 구성을 '패치워크 가족'이라고 불러요.

부모님 중 한 분하고만 사는 어린이도 많아요. 이유는 제각기 다르답니다. 예를 들어, 처음부터 엄마가 아빠와 함께 살지 않고 혼자 아이를 키운 경우도 있어요. 그러면 아이는 아주 어렸을 때부터 아빠가 없다는 사실을 받아들이기도 해요.

부모님과 함께 살다가 부모님이 이혼하면서 엄마나 아빠와 헤어져 사는 경우도 있어요. 이런 가정의 아이는 부모님이 다시 함께 지냈으면 좋겠다고 바랄지도 몰라요. 이혼한 엄마와 아빠의 집을 오가며 사는 어린이는 더 큰 혼란을 느낀답니다.

부모님이 이혼하면 대개 엄마가 아이를 길러요. 독일은 어린이 100명 중에 20명이 엄마하고만 살고, 2명이 아빠하고만 산답니다. 그리스는 어린이 100명 중에 오직 8명만이 한부모 가정에서 살아요. ✳

6명은 아빠나 엄마를 잃었어요

>→ 거의 모든 사람이 부모님의 죽음을 경험합니다. 죽음은 자연스러운 일이니까요. 하지만 부모님이 돌아가실 때쯤이면 자식도 이미 어린이가 아니라 어른이겠지요. 부모님의 죽음은 말로 표현할 수 없을 만큼 슬픈 일이에요. 그런데 어린 시절에 부모님의 죽음을 경험하는 사람들도 있어요. 더욱 슬픈 일이지요. 이런 어린이들은 슬픔과 고통을 느끼면서도 다음과 같은 물음을 품어야 해요. '이제 나는 어쩌지?'

전쟁이 일어난 지역에는 특히 고아가 많아요. 이들 중 대부분은 아빠를 잃었어요. 또, 아프리카 대부분 지역에는 에이즈라는 병이 퍼졌어요. 에이즈는 전염성이 높은 병으로, 많은 사람이 에이즈 때문에 사망한답니다. 아프리카 지역에 사는 어린이가 100명이라면 이 중에 20명이 에이즈로 부모님 중 한 분을 잃었을 정도니까요.

부모님 중 한 분이 아직 살아 계신다면 아이가 함께 살 가족이 있어 그나마 다행이에요. 하지만 부모님이 두 분 다 돌아가셨다면 큰 문제예요. 우리 마을 어린이 중 한 명은 부모님을 모두 잃었어요. 아프리카에는 대가족이 많아요. 조부모, 삼촌, 이모, 고모 등 여러 친척이 한 지붕 아래 살기도 하지요.

고아가 되면 친척과 함께 살거나 보육원에서 자라기도 해요. 보육원이란 부모나 다른 보호자가 없는 아이들을 돌보고 가르치는 곳이에요. 이런 아이들이 자신을 입양하고 사랑으로 돌봐줄 새로운 가족을 찾는다면 이보다 좋은 일은 없겠지요. ✺

3명의 소녀는 결혼했어요

▶▶▶ 나중에 어른이 되면 결혼하고 싶다고 생각한 적이 있나요? 결혼을 약속한 남자 친구 또는 여자 친구가 있나요? 선진국에 사는 어린이들에게 결혼은 아직 환상이에요. 우선 학교를 졸업하고 어른이 되어야 결혼을 할 수 있으니까요. 그런 다음 다른 사람과 가정을 꾸리고 오랜 시간 동안 함께 살고 싶은지 생각해야겠죠.

하지만 많은 나라에서 여성들이 결혼 상대를 고르지 못해요. 몇몇 남성들도 마찬가지랍니다. 가족이 결혼 상대를 선택하거든요. 그래서 나이가 어린 소녀들이 훨씬 나이가 많은 남자와 결혼을 해요. 원하지 않더라도 말이죠. 우리 마을에 사는 48명의 소녀 가운데 3명이 14살에 결혼해요. 그리고 15~17살 사이에 10명이 더 결혼해요. 아프리카의 대부분 나라에서 소녀 중 절반이 18살이 되기 전에 결혼한답니다. 결혼한 소녀들은 남편의 반대로 학교에 갈 수 없고, 집에 감금되어 폭행을 당하기도 해요.

유엔아동기금인 유니세프(UNICEF)는 조혼 풍습이 인권 침해라고 말해요. 이 소녀들은 결혼처럼 중대한 결정을 내리기에는 아직 너무 어리니까요. ✺

9명의 소녀는 18살이 되기 전에 아이를 낳아요

>→ 출산은 결혼과 비슷해요. 남은 인생에 큰 영향을 미칠 무언가를 결심하는 일이죠. 이렇게 중요한 일을 결정하기 전까지 심사숙고해야 해요.

여자는 대부분 14살이 되면 아기를 낳을 수 있어요. 신체가 임신과 출산을 하기에 적절한 상태로 발달하기 때문이지요. 하지만 14살 소녀는 아직 청소년이고, 아기를 낳기로 결정하기에는 너무 어려요. 그러나 많은 국가에서는 소녀에게 선택권이 없답니다. 여자가 어린 나이에 결혼하는 나라에서는 사람들이 결혼한 소녀가 빨리 아기를 가지길 바라죠.

그러나 어린 여성이 아기를 낳으면 성인 여성에 비해 위험 부담이 훨씬 많아요. 세계보건기구(WHO)에 따르면 어린 나이에 출산하는 여성의 수가 줄어들면 출산 과정에서 죽는 엄마와 아기의 수도 매년 줄어들 것이라고 해요.

지금도 많은 기관이 조혼 풍습이 있는 국가의 소녀들도 고등 교육을 받고 출산의 여부를 스스로 결정하도록 만들기 위해 노력 중이에요. ✳

우리는 누구와 살까요? 47

10명은 직장이 없는 부모님과 살아요

▶▶▶ 부모님이 모두 일하는 가정이 많아요. 하지만 어떤 가정에서는 아빠만 일하고, 어떤 가정에서는 엄마만 일하기도 해요. 그런데 우리 마을의 어린이 중 10명은 두 분 모두 직장이 없는 부모님과 살아요. 그 이유는 부모님이 다니던 직장을 잃었기 때문이랍니다.

여러분이 생각하기에는 아주 행복한 일인지도 몰라요. 부모님이 여러분과 많은 시간을 보낼 수 있으니까요. 부모님이 온종일 집에서 여러분과 함께 놀고, 같이 있을 수 있다니 정말 신나겠지요?

하지만 부모님 입장에서는 좋은 일이 아니에요. 돈을 벌 수 없기 때문이지요. 물론 선진국에서는 실직자들에게 실업 급여를 지급하지만, 일하며 벌 수 있는 임금보다 적은 돈이에요. 개발 도상국에는 애초에 실업 급여가 없기 때문에 직장을 잃으면 수입이 뚝 끊기고 말지요. 게다가 많은 어른이 직장을 잃으면 스스로를 쓸모없는 존재라고 생각한답니다. 부모님이 우울해하면 자식들도 금방 눈치채지요. 또, 부모님은 수입이 없으니 앞으로 어떻게 살아야 할지 막막함을 느끼게 돼요. 이런 가정의 어린이는 유급(학교에서 위 학년으로 올라가지 못하는 것)을 하기도 해요.

≫→ 대부분의 개발 도상국에서, 특히 농촌에 사는 사람들에게 '무직'이라는 말은 아무런 의미가 없어요. 이곳에서는 부모님이 끊임없이 농사일을 하지만, 수확량이 적어 가난한 생활이 이어지니까요. ✳

33명은 개를 키워요

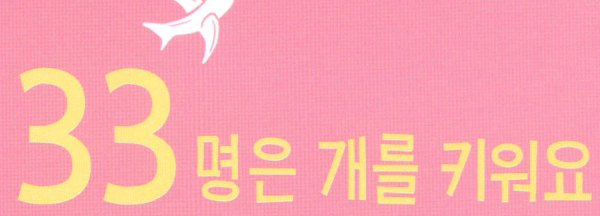

▶ 여러분은 동물을 좋아하나요? 아마 대부분 동물을 좋아할 거예요. 동물은 아주 사랑스러운 친구니까요. 서로를 포근하게 감싸 안아줄 수도 있죠(물론 물고기는 제외하고요). 무엇보다 동물은 사람이 돌봐 줘야 하는 소중한 생명체랍니다.

여러분이 동물을 좋아하고 시간과 공간이 충분하다면, 그리고 방학 때 동물을 잘 보살필 자신이 있다면 반려동물을 키우고 싶을 거예요. 그래서 강아지를 꾸준히 산책시키겠다거나 햄스터 사육장을 깨끗하게 청소하겠다고 약속하고 부모님을 설득하겠지요.

유럽과 북아메리카의 22개국에서 설문 조사를 실시한 결과, 어린이 중 33명은 개를 키우고, 23명은 고양이를 키우고, 43명은 반려동물을 키우지 않아요. 다른 나라에서는 설문 조사를 실시하기가 어려웠답니다. 우리가 생각하기에 반려동물은 가족의 일부이고, 사람이 자는 침대에서 함께 자도 되는 존재이지만, 아프리카 국가에서는 동물이 누구의 소유인지 명확하지 않거든요. 이곳에서는 대부분 개를 밖에 풀어두고 온 가족이 함께 키운답니다.

우리는 누구와 살까요? 51

다른 나라와 달리 독일에는 개보다 고양이가 많아요. 개를 키우는 가정은 21퍼센트, 고양이를 키우는 가정은 29퍼센트거든요. 물고기를 키우는 가정은 9퍼센트, 새를 키우는 가정은 6퍼센트랍니다. 다른 반려동물을 키우는 가정은 9퍼센트예요. 다른 반려동물이란 토끼나 거북이, 타란툴라 등이에요.

우리는 무엇을 하며 시간을 보낼까요?

50명은 집에서 인터넷을 할 수 있어요

>>> 인터넷은 전 세계 사람들을 서로 연결해요. 그래서 연결망이라는 말도 생겨났죠. 오늘날 어린이들은 인터넷을 이용해 전 세계 소식을 빠르게 주고받을 수 있는 세대지요. 어린이들보다 조금 나이가 많은 세대의 상황을 보면 잘 알 수 있어요. 15~24살 사이의 사람 중 70퍼센트가 인터넷을 사용한답니다.

대부분의 국가에서는 컴퓨터가 없어도 인터넷을 할 수 있어요. 스마트폰이 있으니까요. 이제 지구에는 사람보다 휴대 전화의 수가 더 많아요. 아기를 포함한 전 세계 인구가 100명이라면 휴대 전화는 104대랍니다. 좋은 소식이 있어요. 휴대 전화는 더 이상 유럽이나 북아메리카의 선진국 사람들만 쓸 수 있는 사치품이 아니에요. 개발 도상국 사람들도 휴대 전화로 가족이나 친구, 더 나아가 전 세계 사람들과 연결될 수 있어요. 개발 도상국의 총 인구가 100명이라면 휴대전화는 70대 정도랍니다.

집 가까이에 설비가 잘 되어 있는 학교가 없거나 전화선이 연결되지 않은 외딴 마을에 산다면 인터넷 접속이 매우 중요해요. 또 국가가 시민들에게 중대한 정보를 공유하지 않을 때도요. 지난 2011년에 '아랍의 봄'이라는 반정부 시위운동이 일어났을 때, 사람들은 인터넷으로 정보를 공유했어요. 신문이나 텔레비전

뉴스에서는 시위 소식이 전해지지 않았거든요.

　　오늘날 사람들은 휴대 전화로 돈을 지불하거나 업무를 처리할 수 있어요. 그렇다고 인터넷이 축복이기만 한 것은 아니랍니다. 인터넷은 범죄에 악용될 수도 있어요. 예를 들어 허위 사실인 '가짜 뉴스'를 퍼뜨리는 데 사용되지요. 그래서 어린이는 물론 부모님과 선생님 들이 인터넷과 인터넷에 올라와 있는 정보를 올바르게 활용하는 법을 배워야 해요.

80명은 집에 텔레비전이 있어요

▶▶▶ 전 세계적으로 텔레비전의 수는 계속해서 늘어나고 있어요. 대부분의 어린이가 텔레비전 프로그램을 즐겨 본답니다.

하지만 많은 어린이가 좀이 쑤셔서 오랜 시간 텔레비전 앞에 머물지 못하거나 텔레비전을 건성으로 보면서 딴짓을 해요. 긴 시간 동안 계속해서 텔레비전을 보는 사람은 대개 노인이랍니다. 대부분의 나라에서 노인들이 하루에 텔레비전 앞에서 보내는 시간이 5시간이나 돼요. 반면 3~13살 사이 어린이들은 45분 정도죠. 어린이들이 텔레비전을 보는 시간은 매년 줄어들고 있어요.

어른들이 걱정하는 것은 이제 더 이상 어린이들의 텔레비전 시청 시간이 아니라 스크린 사용 시간이에요. 스크린 사용 시간이란 컴퓨터, 스마트폰, 태블릿 등 스크린이 있는 전자 기기의 사용 시간을 말해요. 영국에서 조사한 바에 따르면 어린이들이 매일 6시간 이상 스크린을 사용한답니다. 일반적인 놀이 시간보다 훨씬 길어요. 유튜브(YouTube)나 인스타그램(Instagram)과 같은 소셜 미디어에 중독된 어린이도 늘어났답니다. �֍

98명은 미키 마우스를 알아요

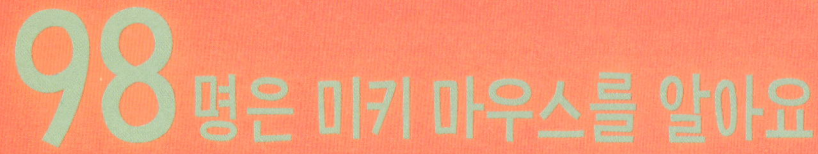

>> 1928년에 미키 마우스를 만든 미국 회사 디즈니(Disney)에 따르면 어린이 100명 중 98명은 미키 마우스를 알아요.

하지만 유명하다고 인기가 많은 건 아니랍니다. 어린이들에게 가장 좋아하는 캐릭터가 무엇이냐고 물어보니 미키 마우스는 겨우 10위일 뿐이었거든요. 가장 인기 있는 캐릭터는 여러분에게 친숙한 애니메이션의 주인공이에요. 바로 도라에몽이랍니다. 도라에몽은 22세기에서 온 로봇으로 일본에서 만들어졌어요. 아시아 지역에서 인기가 많지요.

설문 조사를 통해 전 세계 어린이들에게 가장 좋아하는 캐릭터 3개를 꼽아 보라고 하자, 100명 중 10명이 도라에몽을 선택했어요. 레고, 바비 인형, 톰과 제리가 공동 7위, 스파이더맨이 6위였어요. 이 결과는 어린이들이 사는 지역에 따라 조금씩 달랐어요. 북미 지역에서는 스파이더맨과 같은 슈퍼 히어로가 높은 순위를 차지했고, 남아프리카에서는 디즈니의 소피아 공주가 1위였어요. 한 가지 분명한 점은, 예전에는 나라마다 어린이들이 서로 다른 영웅과 전래 동화를 좋아했지만, 오늘날에는 거의 모든 어린이가 세계적으로 유명한 영화에 나오는 캐릭터를 선호한다는 사실이에요. ✳

5명은 레고를 가지고 놀아요

»» 여러분의 친구 중에 레고를 가지고 있는 사람은 몇 명인가요? 나이가 어린 친구들은 아마 거의 모두 레고를 가지고 놀 것이고, 중학생이 된 친구들은 예전에 레고를 가지고 논 적이 있을 거예요. 하지만 전 세계적으로는 아주 적은 수의 어린이들만이 레고를 가지고 논답니다. 이 세상에 있는 장난감이 매우 다양하다는 뜻이지요. 북아메리카와 유럽의 어린이들이 장난감 중 대부분을 가지고 놀지만, 우리 마을에 사는 이 지역 출신 어린이는 10명뿐이에요.

그렇다고 다른 나라의 아이들이 놀이를 즐기지 않는다는 뜻은 아니랍니다. 놀이는 모든 어린이에게 중요한 활동이에요. 어린이들은 놀면서 스스로 만든 규칙에 따르기도 하고 다른 친구들과 어울리기도 하면서 사회성을 길러요. 하지만 몇몇 나라의 어린이들은 우리보다 장난감이 적어요. 이런 어린이들은 길에서 주웠거나 직접 만든 물건, 집 안에서 흔히 볼 수 있는 물건으로 놀아요. 나뭇가지 하나만 있으면 배나 칼을 만들 수 있으니까요.

장난감이 많다고 해서 놀이 시간이 길거나 더 행복한 건 아니에요. 여러분의 방에도 몇 년 동안이나 사용하지 않은 장난감이 있지 않나요?

우리는 무엇을 하며 시간을 보낼까요?

지난해 100명의 어린이는 장난감 300개를 선물 받았어요. 1인당 3개랍니다. 하지만 어린이가 사는 나라에 따라 장난감의 수도 달라요. 지도를 보세요.

북아메리카
어린이 4
장난감 101

라틴 아메리카
어린이 8
장난감 14

과학자가 3살 이하 어린이에게 장난감을 4개 또는 16개 주는 실험을 진행했어요. 그 결과, 장난감을 4개 이하로 받은 어린이가 더 오래, 그리고 더 창의적으로 장난감을 가지고 놀았답니다.

어린이들이 가장 좋아하는 놀이는 무엇일까요? 시대가 변했어요. 여러분의 부모님이 어렸을 때는 밖에 나가 노는 것이 가장 재미있는 놀이였어요. 오늘날 어린이들은 디지털 놀이를 좋아해요. 예를 들면 게임기나 컴퓨터, 태블릿으로 즐기는 게임이요.

우리는 무엇을 하며 시간을 보낼까요? 59

유럽
어린이 6
장난감 77

아시아
어린이 56
장난감 96

아프리카
어린이 25
장난감 10

오스트레일리아 및 오세아니아
어린이 1
장난감 7

100명은 음악 활동을 해요

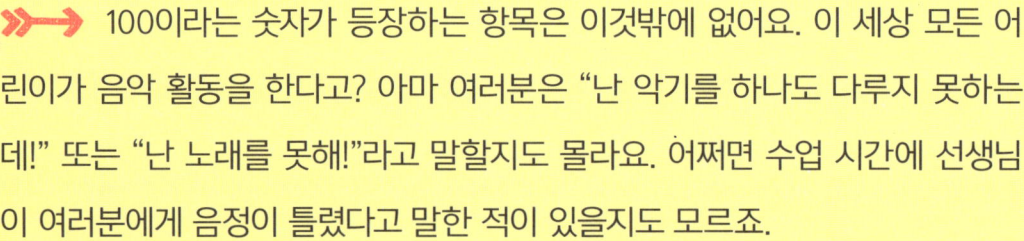

>>> 100이라는 숫자가 등장하는 항목은 이것밖에 없어요. 이 세상 모든 어린이가 음악 활동을 한다고? 아마 여러분은 "난 악기를 하나도 다루지 못하는데!" 또는 "난 노래를 못해!"라고 말할지도 몰라요. 어쩌면 수업 시간에 선생님이 여러분에게 음정이 틀렸다고 말한 적이 있을지도 모르죠.

독일, 오스트리아, 스위스 등의 나라에서는 음악성이 매우 특별한 재능으로 여겨집니다. 소수의 사람만이 음악을 배울 수 있고, 몇 년 동안이나 공부해야 하니까요. 나머지 사람들은 음악을 감상할 뿐이죠. 그런데 아프리카 같은 나라에서는 음악이 생활의 일부랍니다. 모든 사람이 음악을 듣고, 연주하지요. 다른 사람과 대화를 나누는 것처럼 말이에요. 최근에 과학자가 연구한 바에 따르면 음악은 언어처럼 사람들을 하나로 만들어요. 또한 지금까지 이 세상 어떤 정권도 음악을 금지한 적은 없답니다.

모든 사람은 음악의 재능이 있어요. 노래를 못하거나 악기를 연주하지 못해도, 음악을 들으며 춤을 출 수는 있으니까요. 많은 나라에서 음악과 춤은 떼려야 뗄 수 없는 짝꿍이랍니다. 어떤 사람은 작곡에 재능이 있어요. 사람들의 감정을 음악으로 표현하는 거죠. 말하자면 음악은 감정의 언어예요.

아무도 듣고 있지 않을 때 혼자서 노래 가사를 흥얼거린 적이 있지요? 설마 노래가 머릿속에만 머문 적은 없을 거예요. 그런 의미에서 어린이 100퍼센트가 음악 활동을 한답니다. 만약 음악 활동의 범위를 악기 교습을 받거나 합창단에 속했거나 밴드에서 연주하는 것으로 한정한다면 숫자가 줄어들겠지요. 사실 전 세계에서 누가 음악 교육을 받는지 알아보는 건 어려워요. 어떤 나라에서는 음악이 '배워야만 하는 것'이 아니거든요. 하지만 독일에서는 그 숫자를 알 수 있어요. 독일은 어린이 중 21퍼센트가 일주일에 한 번 악기나 노래를 배운답니다. 어린이 5명 중 1명꼴이지요.

어린이와 청소년이 가장 좋아하는 취미 활동 중 하나가 음악 감상이에요. 그런데 학생들에게 가장 좋아하는 과목이 무엇인지 물어보면 음악이 꼴찌랍니다. 참 이상하죠? 아마 학교에서 음악 수업을 진행하는 방식 때문일 거예요. 어린이들이 음악을 즐기면서 배울 수 있다면 친구와 경쟁하지 않고 협동하겠지요. 음악은 사람을 서로 조화롭게 만들기 위해 존재하니까요. ✻

17명은 외국으로 여행을 가요

>> 누구에게나 휴식은 꼭 있어야 해요. 학교나 직장을 머리에서 지우고, 다른 문화를 경험하거나 여러 명소를 구경하고 느긋하게 해변에 누워 있을 시간이 필요하지요. 어린이와 부모님이 온종일 함께 시간을 보내고 바쁜 일들에서 벗어나 스트레스를 날려 버릴 시간도 필요하답니다. 이렇게 얼마나 많은 사람이 휴가를 떠나는지는 아무도 몰라요.

그런데 휴가란 무엇일까요? 주말에 할머니 집에 찾아가는 것도 휴가인가요? 휴가를 떠나는 사람의 수를 알아보려고 우리는 매년 외국으로 여행을 가는 사람 수를 조사했어요. 하지만 이 숫자도 정확하지는 않아요. 예를 들어 아프리카 대부분 나라에서는 정보를 얻을 수 없었거든요.

>> 여러분은 매년 가족과 함께 휴가를 떠나나요? 그럴 땐 국내 여행을 가나요, 아니면 해외여행을 가나요? 미국이나 태국, 카리브해처럼 먼 나라로 떠나나요? 한 번이 아니라 여러 번 해외여행을 간 적이 있나요? 먼 나라로 해외여행을 자주 떠나는 사람은 그리 많지 않아요. 여행할 시간은 충분해도, 부모님이 여행 경비를 부담하기 어려워 해외여행을 가지 못하는 경우도 있죠. 여러분도

같은 반 친구 중에 누구는 멋진 여행 경험에 대해 이야기하고, 누구는 아무런 말도 하지 않는 걸 본 적이 있죠? 이제 그 이유를 알았을 거예요.

52명은 집에 자전거가 있어요

▶▶▶ 여러분은 아마 이 제목을 보고 '자기 자전거가 없는 사람도 있어?'라고 생각했을지도 몰라요. 하지만 빈곤한 나라에서는 자전거가 매우 비싼 교통수단이랍니다. 마치 자동차가 비싸서 여러 대를 소유하기 어렵듯이 말이죠. 그래서 이곳 어린이들은 '가족 공용 자전거'를 이용한답니다. 자기 소유의 자전거는 없으니까요. 부모님이 일하러 갈 때 자전거를 사용해야 한다면 어린이는 자전거를 타지 못하겠지요.

자전거는 대단히 환경친화적인 교통수단이에요. 배기가스가 나오지도 않고, 건강에도 좋지요. 환경 보호가 점점 더 중요해지면서, 많은 도시에서 주민들이 자전거로 학교나 회사에 갈 수 있도록 안전한 자전거 도로를 만들고 있어요. 자전거는 언덕길보다 평지에서 타는 편이 좋거든요. 바로 이런 이유 때문에 네덜란드가 세계 최고의 '자전거 국가'가 되었답니다. 네덜란드에는 인구수만큼이나 자전거가 많아요.

2위는 덴마크예요. 덴마크 수도인 코펜하겐에는 자전거를 위한 고속도로도 있답니다. 이 도로에서는 자전거를 타고 다른 교통수단보다 더 빠른 속도로 달릴 수 있어요.

3위가 독일이랍니다. 100가구 중 80가구가 자전거를 한 대 이상 소유하고 있어요. 어린이 4분의 3이 자전거를 자주 이용한답니다.

하지만 전문가들은 요즘 어린이들이 자전거를 제대로 타지 못한다고 걱정합니다. 독일에서는 모든 어린이가 초등학교 4학년이 되면 학교에서 자전거 시험을 치러요. 필기와 실기 모두 포함되죠. 그런데 이 시험을 통과하는 어린이 수가 점점 줄어드는 추세랍니다. 자, 아직 자전거를 타지 못하는 친구들이 있다면 지금부터라도 자전거를 배워 보면 어떨까요? ✳

4명의 소년과 1명의 소녀는 축구를 해요

축구는 세계에서 가장 사랑 받는 스포츠예요. 어쩌면 여러분은 어린이 중 5명만이 축구를 한다는 사실에 놀랐을지도 몰라요. 물론 모든 어린이가 놀면서 공을 차 본 적이 있을 테지만, 여기서 말하는 건 학교 축구부나 축구 클럽에 속해서 축구를 하는 아이들이에요. 그리고 이렇게 스포츠를 전문으로 하는 조직 구성은 나라마다 달라요. 유럽, 남아메리카, 미국에서는 어린이 축구 클럽의 기반이 매우 탄탄하지만, 아프리카나 아시아에는 전문적인 스포츠 클럽이 많지 않아요.

축구를 열렬히 사랑하는 나라인 독일에는 수많은 스포츠 클럽이 있어요. 남자아이들에게 가장 인기가 많은 건 역시 축구 클럽이랍니다. 독일의 남자 어린이 100명 중 24명은 축구 클럽 소속이에요. 여자 어린이는 100명 중 5명이 축구 클럽 활동을 해요. 여자 어린이들에게 가장 인기가 많은 스포츠는 체조랍니다. 또 수영, 육상, 테니스, 핸드볼 등을 즐기는 어린이도 많아요.

남자 어린이보다 여자 어린이에게 압도적으로 인기가 많은 스포츠도 있어요. 바로 승마랍니다. 승마를 즐기는 여자 어린이 수는 남자 어린이보다 10배 정도 많아요.

우리는 무엇을 하며 시간을 보낼까요?

75명은 수영을 못해요

≫→ 그다지 좋지 않은 소식이지만, 여러분에게 솔직하게 알려야겠죠? 7살 이하 어린이 대부분은 수영을 못한답니다. 수영을 못하는 사람을 '맥주병'이라고 해요. 우리 마을 어린이 중 7살 이하인 49명이 맥주병이에요. 나머지 어린이 중 절반인 26명도 수영을 못해요. 물론 '수영을 할 줄 안다'는 것을 정확히 구분하기는 어려워요. 물 위에 몇 분 동안 뜰 수 있다면 수영을 할 줄 아는 걸까요? 수영 강습을 받으면 누구나 수영을 잘할까요? 수영장 레인을 따라 한 번 이동할 수 있으면 수영을 잘하는 걸까요? 그렇다면 수영을 못하는 사람들은 어떻게 정의해야 할까요?

수영은 취미일 뿐만 아니라 생존에 필요한 능력이기도 해요. 매년 익사하는 사람이 37만 명이나 된답니다. 그중 대부분은 개발 도상국에 사는 어린이들이에요. 아프리카나 아시아의 수많은 어린이가 바닷가나 강가에 살지만 수영을 못해요. 물에 빠지거나 홍수가 났을 때 보호받을 수 있는 안전 조치도 없고요. 사실 이런 일은 어디에서나 발생할 수 있답니다. 그러니 모두 수영을 배워야 해요. 빨리 시작할수록 좋지요! ✳

우리의 건강은 어떨까요?

12명은 채식주의자예요

>>> 채식주의자란 동물의 고기를 먹지 않는 사람이에요. 어떤 채식주의자는 동물에게서 나온 모든 것을 먹거나 사용하지 않아요. 그러니까 우유도, 달걀도 먹지 않고, 가죽 제품을 사용하지 않죠. 이런 사람들을 '비건'이라고 해요.

사람이 채식주의자가 되는 데는 여러 가지 이유가 있습니다. 어떤 사람들은 고기를 먹기 위해 동물을 죽이는 일이 잔인하다고 생각해요. 어떤 사람들은 육류 생산이 환경을 파괴하기 때문에 고기를 먹지 않아요. 우리가 소고기를 얻으려면 소 한 마리를 먹이고 키워야 하는데, 그러려면 당근 1킬로그램을 얻을 수 있는 크기의 밭보다 더 넓은 면적이 필요하거든요. 그리고 동물의 고기 섭취를 금지하는 종교도 있어요. 유대인과 무슬림은 돼지고기를 먹지 않고, 힌두교도는 소고기를 먹지 않아요. 어떤 사람들은 단순히 고기를 살 돈이 없어서 채식을 하지요.

우리 마을에 채식을 하는 12명의 어린이 중 6명은 인도에서 왔어요. 인도는 인구의 3분의 1이 채식주의자랍니다. 인도 요리 전문점에 가 본 적이 있나요? 그렇다면 채소 요리도 매우 맛있을 수 있다는 사실을 알았을 거예요.

채소 요리는 간편하게 먹을 수 있어요. 길거리나 시장 상인에게 채소를 사서,

빵 사이에 끼워서 들고 다니면서 먹을 수 있거든요. 그래서 채소 요리를 '패스트푸드'라고 부르기도 해요.

하지만 '패스트푸드'라는 말을 들으면 우리는 햄버거, 소시지, 피자 같은 음식을 떠올려요. 유럽이나 북아메리카에서는 패스트푸드를 즐기는 어린이와 청소년이 점점 늘고 있답니다. 인도나 중국에서 즐길 수 있는 채소 패스트푸드와 달리, 일반적인 패스트푸드는 칼로리가 높고 비타민과 영양소가 적어요. 패스트푸드는 늘고 있는 소아 비만의 주된 원인이기도 하답니다.

물론 일주일에 한 번 소시지나 햄버거를 먹는 건 건강을 해치지 않겠지요. 하지만 미국에서는 어린이 3명 중 1명이 매일 패스트푸드를 먹고 심지어 학교 급식에 패스트푸드가 나오기도 해요. 지나치게 많은 수준이지요.

16명은 비만이에요

어떤 어린이는 뚱뚱하고 어떤 어린이는 말랐어요. 이것은 당연한 일이랍니다. 우리는 모두 생김새가 다르니까요. 하지만 너무 말랐거나 너무 뚱뚱하면 건강에 문제가 생겨요.

영양실조 문제부터 알아볼까요? 세계의 많은 국가, 예를 들어 인도나 아프리카의 수많은 나라에서 대다수 어린이가 굶주리고 있어요. 성장하는 유아기에는 충분한 영양소를 섭취하는 것이 중요해요. 그렇지 않으면 신체가 제대로 자랄 수 없거든요. 전 세계 5살 이하의 어린이가 100명이라면 이 중에 23명은 나이에 비해 왜소해요. 유엔은 세계의 기아를 없애려고 노력하고 있지만 이를 달성하기에는 아직 부족하답니다. 매년 5살 이하 어린이 300만 명이 굶주리다가 사망해요. 이 세상 어딘가에서 10초마다 어린이 한 명이 굶어 죽는 셈이죠.

우리 마을 어린이 중 10명은 굶주리고 있는데, 계속해서 기아에 시달리면 건강에 좋지 않아요. 하지만 반대로 계속해서 과식하는 것도 건강에 나쁘지요. 이것은 지난 수십 년 동안 큰 문제가 되었어요. 40년 동안 비만 어린이의 수가 무려 10배나 늘었거든요! 우리 마을의 비만 어린이 16명 중 7명은 고도 비만이에요. 고도 비만이란 표준 체중보다 훨씬 뚱뚱하다는 뜻이에요.

고도 비만인 사람들은 심장병, 당뇨 등에 걸릴 위험이 높아요. 당뇨에 걸리면 체내 당 수치를 조절하는 물질인 인슐린을 주사로 주입해야 해요.

▶▶→ 미국과 뉴질랜드, 호주에는 비만 어린이가 많아요. 하지만 최근에는 개발도상국에서도 비만 어린이의 숫자가 늘었답니다. 예를 들어 동유럽이나 남태평양의 섬나라에서 말이지요. 이런 지역에서는 과거에 식량을 많이 얻을 수 없었지만, 오늘날에는 넘쳐날 정도가 되었어요. 그중 대부분은 영양소의 질이 좋지 않은 음식이에요. 그래서 어린이들이 유치원이나 학교에서부터 건강하게 먹는 습관을 들여야 한답니다. ✳

64명은 홍역 예방 접종을 받았어요

>→ 옛날에는 전염병으로 죽는 사람들이 많았어요. 예를 들어 페스트(흑사병), 천연두, 장티푸스, 백일해 등이요. 과거에는 이런 병이 사람 간의 병원체 전달로 감염되는지 몰랐거든요. 그러다가 어느 순간 이런 병에 '면역'이 생길 수 있다는 사실을 깨달았어요. 면역이 생긴다는 건, 이런 바이러스에 한 번 감염되었다가 살아남으면 두 번 다시 같은 질병에 걸리지 않는다는 뜻이에요.

오늘날 우리는 우리 몸의 면역 세포와 면역 체계가 바이러스의 침입을 알아내고 병균과 싸운다는 것을 알고 있지요. 그래서 과학자들은 위험하지 않은 수준의 병원체를 몸속에 주입해 면역 체계를 훈련시킬 방법을 알아냈어요. 바로 예방 접종이지요. 만약 몸 안에 위험한 바이러스나 박테리아가 들어오면 면역 체계가 그 사실을 알아채고 곧바로 병균을 죽인답니다.

많은 사람이 예방 접종을 받으면, 스스로가 전염병으로부터 안전해질 뿐만 아니라 다른 사람에게 병을 옮길 가능성도 줄어들어요. 그러다 보면 병균이 없어집니다. 천연두 바이러스가 사라진 것처럼요. 그래서 오늘날 어린이들은 더이상 천연두 예방 접종을 받을 필요가 없답니다.

그런데 간혹 예방 접종을 하지 않아 질병에 걸리는 경우가 있어요. 모든 의사가 위험한 일이라고 말하는데도 아이에게 예방 접종을 시키지 않는 부모도 있답니다. 2019년에 미국 일부 지역에서 홍역이 유행했어요. 홍역은 어린이들이 자주 감염되는 질병이랍니다. 홍역에 걸리면 몸 전체에 빨간 발진이 나타나고 고열이 발생해서 심한 경우 사망할 수도 있어요. 2017년에는 전 세계 11만 명이 홍역으로 죽었답니다. 하지만 많은 어린이가 예방 접종을 받는다면 홍역을 막을 수 있어요. 한국은 세계에서 예방 접종률이 가장 높은 나라로 손꼽힌답니다. ✳

5명은 장애를 가졌어요

>>→ 이 숫자는 곧 잊어버리는 편이 좋아요. 그 이유는 첫째로, 적어도 15년 이상 지난 아주 오래된 정보에 근거한 숫자이기 때문이에요. 둘째로, 확실한 정보가 아니기 때문이에요. 일부 나라에서는 장애를 가진 어린이의 정확한 숫자를 구할 수 없었거든요.

그런데 '장애를 가지다'라는 건 무슨 뜻일까요? 모든 사람에게 이 질문을 던지면 아마 제각기 다른 답이 돌아올 겁니다. 어떤 어린이가 같은 반 친구들과 다른 교과목을 배운다면 장애를 가진 걸까요? 앞을 보지 못하는 사람이나 달리지 못하는 사람은 어떤가요?

>>→ 장애에는 여러 가지가 있습니다. 각기 다른 장애를 가진 어린이들에게 어떤 도움이 필요한지 지금부터 알아보도록 해요.

✳ 시각 장애나 시력 장애 어린이들은 시각 장애인을 위한 특수 음성 해설이 제공되는 영화를 볼 수 있어요. 책이나 웹사이트를 이용하려면 점자나 점자 키보드를 사용하지요. 또 오디오북으로 책을 듣거나 웹사이트의 읽어 주기

기능을 활용한답니다.

✻ 청각 장애 어린이들은 수화를 배워서 손짓으로 대화를 나눠요. 수화를 전문으로 가르치는 선생님도 있답니다. 비장애인도 수화를 배우면 좋아요.

✻ 걷거나 달릴 수 없는 어린이들은 휠체어를 이용해요. 휠체어를 타고 어디든 가고, 무엇이든 하려면 엘리베이터와 경사로가 필요해요. 학교, 영화관, 공원 등 사람이 갈 수 있는 모든 곳에는 이런 편의 시설이 필요하답니다.

✻ 백색증을 앓는 어린이도 있어요. 백색증이란 피부나 눈에 색소가 부족한 병을 말해요. 그래서 백색증 어린이들은 햇빛에 민감하고 앞을 잘 볼 수 없어요. 아프리카에서는 백색증에 걸린 사람에게 악령이 깃들어 있다고 믿어요. 이런 미신 때문에 마을에서 쫓겨난 사람도 많지요. 그러나 백색증은 의학적인 문제랍니다.

✻ 자폐증 어린이들은 다른 사람과 상호 작용하는 것을 어려워 해요. 이들에게 세상은 너무 시끄럽고, 밝고, 강렬하거든요. 그래서 자폐증 어린이들은 다른 사람과 어울리지 않고 혼자 시간을 보내요. 어떤 어린이들은 특정 분야에서 뛰어난 실력을 보이기도 한답니다. 예를 들어 암산을 빨리할 수 있어요.

✱ 다운증후군 어린이들은 다른 어린이들과 사고방식이나 학습법이 달라요. 신체적인 질병을 앓기도 해요.

이렇게 각기 다른 어린이들을 그저 장애 어린이라는 단어 하나로 표현하는 것이 얼마나 잘못된 일인지 잘 알았겠지요?

➤➤➤ 이 세상 어딘가에는 아직도 집에 장애 어린이가 있다는 사실을 부끄럽게 여기는 가족들이 있어요. 그래서 장애 어린이가 있다는 사실을 숨기고 학교에도 보내지 않지요. 몇몇 나라에서는 지금도 여전히 벌어지는 일이랍니다. 대부분의 장애 어린이들은 특수학교에 다니고 있지요. 그러나 과학자들은 장애인과 비장애인이 함께 수업을 받으면 학습 효과가 더 좋다고 말해요. 교실에는 선생님과 각각의 어린이를 도와줄 도우미 교사가 필요하지요. 중요한 것은, 모든 사람이 가능한 한 많이 배우고 자신의 재능을 마음껏 펼칠 수 있도록 동등한 기회를 가져야 한다는 점이에요. ✱

13명은 근시예요

▶▶ 참 이상하지요? 사람들은 점점 근시가 되어가고 있답니다. 2050년이 되면 인류의 절반이 멀리 떨어진 물체를 뚜렷하게 볼 수 없을 거예요. 그 이유가 무엇인지는 정확히 알 수 없어요. 아마도 우리가 밖에 나가 걷거나 먼 곳을 바라보기보다 실내에서 보내는 시간, 책을 읽는 시간이나 모니터를 보는 시간이 더 길기 때문이겠지요.

근시인 사람의 수는 지역에 따라 달라요. 아프리카 사하라 사막 이남 지역에 사는 15살 이하 청소년의 6퍼센트가 근시지만, 동아시아 지역에 사는 같은 연령대 청소년의 70퍼센트가 근시예요.

그렇다면 누가 안경을 써야 할까요? 근시라고 해서 무조건 안경을 써야 하는 건 아니에요. 물론 어른들은 운전해야 하기 때문에 안경을 써야겠지요. 학생 중에 교실 맨 뒷자리에서 선생님이 칠판에 쓴 글씨를 잘 읽을 수 없는 사람도 안경을 써야 해요. 주기적으로 시력 검사를 받는 것도 중요하답니다. 그렇지 않으면 시력이 떨어지고 있는지 알 수 없어요. 어린이 본인도 깨닫지 못하죠. 그러다가 갑자기 어린이의 학습 능력이 저하되는 일이 발생한답니다. 똑똑하지 않아서가 아니라 칠판에 쓰인 글씨를 잘 읽을 수 없기 때문이지요.

>→ 부모님이 가난해서 아이에게 안경을 사 주지 못하는 가정도 많아요. 우리는 간단한 방법으로 이런 친구들을 도울 수 있지요. 이 세상에는 여러 질병과 싸우는 사람들을 위해 무언가를 기부하는 단체가 많은데, 안경을 기부하는 단체는 많지 않아요. 하지만 안경을 모아 기부한다면 많은 어린이를 도울 수 있답니다. 우리 마을 어린이 4명도 안경이 필요하지만 살 수 없거든요! ✻

66명은 병원에서 태어났어요

여러분이 어느 곳에서 태어났는지 부모님이 설명해 주신 적이 있을 거예요. 아마도 병원이겠지요. 한국 어린이 중 99퍼센트가 병원에서 태어나요. 병원에는 의사 선생님이 있기 때문에 출산 과정에 문제가 생기더라도 부모님이 안심할 수 있거든요. 그런데 어떤 부모님들은 익숙한 장소인 집에서 아기를 낳기를 원해요. 그럴 때는 조산사가 와서 도와줘요. 조산사는 출산을 도와주고 위급 상황에 응급차를 부르는 역할을 하지요.

안전하고 건강하게 세상에 태어나는 어린이의 수는 매년 늘고 있지만, 모든 아이가 무사히 태어나지는 않는답니다. 지난 몇 년 동안 태어난 아기가 100명이라면 이 중에 78명만이 출산 전문가의 도움으로 세상에 나왔어요.

아프리카 지역 등에 있는 빈곤한 국가에서는 아직도 많은 아기가 전문가의 도움 없이 태어나요. 이런 환경은 아기는 물론 엄마의 생명도 위협한답니다.

우리의 건강은 어떨까요? 81

52명은 폭력의 피해자가 된 적이 있어요

▶▶→ 여러분의 할머니나 할아버지는 어렸을 때 잘못을 하면 부모님이나 선생님에게 체벌을 당한 적이 있을 거예요. 당시에는 선생님도 학생들을 체벌할 수 있었어요. 자로 손등을 때리는 일도 흔했지요.

하지만 오늘날 적어도 유럽이나 북아메리카의 어른들은 어린이에게 폭력을 행사하는 일이 잘못된 일이라고 생각해요. 어린이는 어른보다 약한 존재이고, 신체적 또는 정신적인 충격을 더 크게 받으니까요.

얼마나 많은 어린이가 폭력의 피해를 겪고 있는지 알아내기란 어렵답니다. 이런 학대는 집 안에서 이루어지기 때문에 이웃이 눈치채지 못하거든요. 그럼에도 세계보건기구(WHO)는 학대를 당하는 어린이 수를 파악하고 이들을 구하려면 어떻게 해야 할지 생각했어요.

여기서 말하는 폭력을 행하는 사람은 부모님이나 선생님만이 아니에요. 학교에서 다른 친구들이 한 친구를 괴롭히는 것도 폭력이랍니다. 그리고 때리거나 못살게 구는 것만이 폭력이 아니에요. 부모가 자녀를 돌보지 않고, 먹을 것도 주지 않고, 방에 가둬 두기만 하는 것도 학대이자 폭력이랍니다.

정신적인 폭력도 있어요. 어린이를 대놓고 비웃거나, 놀리거나, 피부색으로 차별하거나, 위협하는 것도 폭력이에요.

⟫→ 각 나라의 아동 학대 문제는 저마다 중대성이 달라요. 유럽이나 북아메리카에서는 어린이에 대한 폭력이 많이 줄어들었고, 대책도 마련되었어요. 어린이에게 고통을 주는 일은 법으로 금지되어야 하며, 어른들은 혹시라도 어린이에게 해가 될 일을 하지 않도록 주의를 기울여야 해요. 어린이는 안전한 환경에서 자라야 올바른 교육을 받고 인격을 발달시킬 수 있답니다. 그래야 어린이가 나중에 어른이 되어 아이를 낳았을 때 좋은 부모가 될 수 있겠지요.

우리는 무엇을 배울까요?

54명은 유치원이나 학교에 가요

≫→ 매일 학교에 가지 않아도 된다는 말을 들으면 여러분은 매우 신나겠지요? 눈치 볼 필요 없어요. 학교가 재미있기만 한 것은 아니니까요. 여러분이 집에만 있으면서 놀고 싶고, 책을 읽고 싶다 해도 당연한 일이랍니다.

하지만 학교에 갈 기회 자체가 아예 없다고 상상해 보세요. 이 세상의 많은 어린이가 학교에 가고 싶어도 가지 못해요. 우리 마을에 사는 어린이 100명이 모두 16세 이하라고 가정해봅시다. 그중 18명은 유치원에 갈 나이지만 9명만이 유치원에 가요. 35명은 초등학교에 갈 나이지만 5명은 학교에 가지 않아요. 이보다 나이가 더 많은 청소년 중에는 학교에 가지 않는 학생의 비율이 높아요. 28명은 중학교에 갈 나이지만 학교에 다닐 수 있는 청소년은 많지 않답니다. 청소년 중 대부분은 이른 나이에 벌써 일을 해야 하거든요. 초등학교에 다니는 어린이 중에 4분의 3만이 졸업을 해요. 이렇게 짧은 시간 동안에는 많은 것을 배우지 못하지요.

학교는 그저 읽기, 쓰기, 구구단만 배우는 곳이 아니랍니다. 사람들은 학교에서 앞으로의 인생을 살아가는 데 필요한 기초를 다져요. 여태까지 자기가 살던 동네처럼 작은 세상만 알던 어린이는 학교에서 부모님조차 잘 알지 못하는 너른 세상을 배우지요.

　여자아이들은 엄마나 주부처럼 전통적인 역할에 한정되지 않은 직업을 꿈꾸기도 해요. 특히 개발 도상국의 어린이들에게는 적절한 학교 교육이 빈곤에서 벗어날 수 있는 중요한 수단이 된답니다.

▶▶▶　여자아이들의 이야기를 더 해볼까요? 많은 나라에서는 아직도 남자아이들만 학교에 가요. 여자아이들은 교육을 받을 필요가 없다고 생각하는 사람들이 많거든요. 아프리카에 있는 나라에서는 흔한 일이에요. 하지만 전 세계를 놓고 보면, 지난 수십 년 동안 상황이 나아졌어요. 우리 마을에서 유치원이나 학교에 다니는 어린이 54명 중 28명이 남자아이이고, 26명이 여자아이랍니다. ✽

46명의 소년과 43명의 소녀는 읽기와 쓰기를 배울 수 있어요

>>> 여러분이 이 책을 읽고 있다는 건, 글을 읽을 수 있다는 뜻이겠지요? 쓰기도 할 수 있지요? 하지만 다섯 살배기 어린이는 대부분 못하는 일이랍니다. 읽기를 배우는 데는 몇 년이 걸려요. 한 나라에서 사람들이 학교 교육을 받는지 알아보려면 대체로 15~24살 사이의 청소년과 젊은 성인의 숫자를 따집니다.

읽거나 쓰지 못하는 사람을 '문맹'이라고 불러요. 글자를 쓸 수 있는 사람보다 읽을 수 있는 사람이 더 많아요. 몇 년 후에는 문맹이 아닌 여자아이들의 수가 남자아이들의 수를 추월할 거예요. 오늘날 학교에 가는 남자아이와 여자아이의 수는 거의 비슷하니까요.

선진국에서는 거의 100퍼센트의 어린이들이 읽고 쓸 수 있어요. 문맹이 가장 많은 곳은 아프리카 나라들이에요. 다음 페이지의 지도를 보면 아프리카의 어느 나라에 문맹이 많은지 알 수 있어요. 예를 들어 니제르에서는 읽고 쓸 수 있는 소년이 35퍼센트, 소녀가 15퍼센트랍니다.

자기 이름을 쓸 줄 알고, 철자를 알고, 철자를 조합해 단어를 만들 줄 안다고 해서 글을 깨우친 것은 아니에요. 이런 사람을 '기능적 문맹'이라고 하는데, 기능적 문맹인 사람들은 간단한 사용 설명서나 신문을 읽는 데 어려움을 겪어요.

전 세계적으로 읽기와 쓰기 능력을 갖춘 사람이 늘고 있어요. 오늘날 젊은 성인이 100명이라면 이 중에 89명은 읽고 쓸 수 있답니다. 1990년에는 83명이 읽고 쓸 수 있었어요. ✽

● 90% 이상이 읽고 쓸 수 있어요

● 50~90% 정도가 읽고 쓸 수 있어요

● 50% 미만이 읽고 쓸 수 있어요

38명은 학업을 마친 후 직업 교육을 받아요

여러분은 학교를 졸업한 다음 무슨 일을 할지 벌써 결정했나요? 많은 청소년이 고등학교 졸업 후 곧바로 취업한답니다. 자기가 쓸 돈을 직접 벌면서 더 열심히 살기 위한 자극을 받죠. 또는 가족을 먹여 살리기 위해 일하기도 해요.

이런 청소년들은 비교적 간단한 일을 한답니다. 전문적인 직업 교육을 받지 않았기 때문이에요. 하지만 학교를 졸업한 다음에도 계속해서 배울 수 있는 기회가 많아요. 직업 교육이나 기술 교육도 그중 하나이지요. 일을 하면서 동시에 특성화 고등학교에 다니는 사람도 있고, 대학교나 전문대학에 다니는 사람도 있어요. 전문 훈련 기관에서 직업 교육 위탁 과정을 마치기도 하지요.

대부분의 나라에서는 청소년이 고등학교를 마친 후 대학에 간답니다. 미국에서는 거의 90퍼센트의 학생들이 대학에 진학해서 4년 정도 더 공부해요. 한국은 약 69퍼센트만이 대학에 가지요.

10명은 일을 해요

➤➤ 여러분은 일을 해야 하나요? 자기 방을 치우는 일은 제외하고요. 집안일을 돕거나 식탁을 정리하는 것도 어린이들이 당연히 해야 하는 일이지요. 가게에서 물건 사오기 등 더 어려운 일을 하면 부모님이 용돈을 주시기도 해요.

여기서 말하는 일이란 집에서 하는 일이 아니에요. 어떤 어린이들은 집 밖으로 나가 일을 하는데, 돈을 받기도 하고 받지 않기도 해요. 일하는 어린이 10명 중에 3명은 일을 해도 아무런 문제가 없어요. 예를 들어 독일에서는 15살 때부터 법적으로 일을 할 수 있거든요. 신문을 배달하는 것처럼 간단한 일 말이죠.

➤➤ 하지만 나머지 7명은 불법적인 아동 노동을 하고 있답니다. 어린이에게는 무척 위험하고 어려운 일이죠. 예를 들어 부르키나파소에서는 어린이가 금광에서 일해요. 아동 노동 착취도 빈번하게 일어나지요.

착취란 노동자에게 정당한 임금을 주지 않고 사장의 배만 불리는 일을 말해요. 예를 들어 방글라데시 어린이들은 아주 열악한 환경에서 일해요. 이들은 티셔츠를 꿰매고 우리는 그 옷을 구입해요.

아프리카에서는 많은 어린이가 밭일을 해요. 그래서 학교에 가지 못한답니다.

➤ 7명 중 3명은 아주 부당하고 위험천만한 일을 해요. 예를 들어 노예로 팔려가 강제로 일을 하거나, 독성물질같이 건강에 해로운 물건을 다루는 일을 하지요. 어떤 어린이들은 범죄에 손을 대서 마약을 밀수하기도 해요. 가장 끔찍한 일은 어린이 병사가 되는 것이랍니다. 전쟁이 일어나는 분쟁 지역에서는 아주 어린 아이도 손에 무기를 들고 싸워야 해요. 무슨 일이 일어나고 있는지 이해하지도 못한 채 말이지요.

세상은 어떻게 바뀌었나요?

▶▶ 여기까지 읽었다면 이제 여러분이 다른 어린이들보다 더 나은 삶을 살고 있다는 사실을 깨달았겠지요? 넉넉하지는 않더라도 살아가는 데 꼭 필요한 물건을 얻을 수 있으니까요.

얼마나 많은 어린이가 굶주리고 있는지, 고향을 잃었는지, 학교에 가지 못하는지 알게 되어 마음이 아플지도 모르겠어요. 아주 슬픈 현실이지요.

그렇다고 자포자기해서는 안 돼요. 이 책에서도 알 수 있듯이, 지난 수십 년 동안 상황은 점점 나아지고 있답니다. '세이브더칠드런(Save the Children)'과 같은 구호 단체는 매년 이 세상 어린이들이 어떻게 살고 있는지 보고서를 발표해요. 2019년에 발표된 최신 보고서의 첫 문장은 다음과 같습니다. "오늘날 태어나는 어린이들은 과거에 살았던 어린이들보다 건강하게 교육 받고, 보호 받으며 자랄 수 있는 기회를 더 많이 가지고 있다."

특히 지난 20년 동안 유엔은 다른 여러 구호 단체와 함께 이 세상 어린이들의 삶을 개선하기 위해 노력해 왔어요. 그리고 큰 성공을 거두었지요. 세이브더칠드런이 2000년에 발표한 보고서와 2019년 보고서를 비교하면, 176개국 중 173개국 어린이들의 삶이 더 나아졌어요.

✳ 전 세계에서 5살 생일을 맞이하기 전에 죽는 어린이의 수는 절반으로 줄었어요. 가장 눈에 띄는 기록을 낸 국가는 방글라데시랍니다. 이곳에서는 어

린이 사망률이 63퍼센트나 줄어들었거든요.

✳ 영양실조에 걸린 어린이의 수는 3분의 1로 줄었어요. 특히 에티오피아처럼 과거에는 매우 굶주렸던 국가에서 큰 발전이 있었답니다.

✳ 학교에 가지 않는 어린이는 3분의 1 정도 줄었어요. 필리핀에서는 3분의 2나 줄었지요.

✳ 일을 해야 하는 어린이는 40퍼센트 줄었어요. 멕시코에서는 5~14살 어린이 중 25퍼센트가 일을 했는데, 오늘날에는 5퍼센트로 줄었답니다.

✳ 부모님의 강요로 18살이 되기 전에 결혼해야 하는 소녀의 수는 4분의 1로 줄었어요. 과거 인도에서는 조혼이 당연한 일이어서 소녀의 30퍼센트가 조혼을 했답니다. 하지만 오늘날에는 15퍼센트로 줄었지요.

✳ 20살이 되기 전에 엄마가 되는 소녀의 수는 22퍼센트 줄었어요. 아프가니스탄에서는 2000년에 15~19살 소녀 100명 중 15명이 이른 나이에 엄마가 되었는데, 2016년에는 7명으로 줄었답니다.

이 숫자는 어떻게 알 수 있나요?

▶▶▶ 얼마나 많은 어린이가 신발 없이 살고 있는지, 또 얼마나 많은 어린이가 학교에 가지 않는지, 누가 축구를 하고 누가 악기를 배우는지 어떻게 이렇게 정확하게 알 수 있냐고요? 솔직히 말할게요. 이 숫자가 매우 정확한 것은 아니에요. 그 누구도 명확히 알 수 없지요.

모든 숫자를 확실히 파악하려면 실제로 전 세계 모든 어린이에게 직접 물어봐야 할 거예요. 물론 몇 가지 질문에 대해서는 분명한 답을 얻을 수 있어요. 유니세프가 각 국가의 통계 자료를 조사해서 학교에 다니는 어린이가 몇 명인지, 한부모 가정에 사는 어린이는 몇 명인지, 굶주리는 아이는 몇 명인지 알 수 있거든요.

하지만 다른 질문은 간추린 숫자만 얻을 수 있답니다. 예를 들어 지난해 얼마나 많은 어린이가 비행기를 탔는지 알고 싶을 때는 팔린 비행기 표 수를 세면 정확히 알 수 있어요. 하지만 어떤 어린이들이 비행기를 탔는지는 알 수 없답니다. 항공 산업계는 1년에 40억 명이 비행기를 타고 여행한다고 자랑스럽게 말해요. 이는 지구 전체 인구의 절반을 넘는 숫자랍니다. 하지만 실제로는 1년에 여러 번 비행기를 타는 사람도 많기 때문에, 이를 제외하면 대략 100명 중 3명만이 지난해 비행기를 탔다고 해요. 어린이만 따져 본다면 더 적은 숫자겠지요?

또 어떤 통계 자료는 모든 연령대의 응답자를 포함하고 있어서 어린이의 숫자만을 따지기가 어려워요. 그리고 개발 도상국은 선진국보다 어린이 비율이 높기 때문에 따로 계산을 해야 한답니다.

그런데 이렇게 답을 찾으려고 노력하다 보니, 깨달은 점이 있어요. 놀이, 스포츠, 취미 등 일반적인 질문에 대한 답보다 기아, 전쟁, 빈곤 등 '부정적인' 질문에 대한 답을 찾기가 훨씬 쉬웠답니다. 도움이 절실한 나라의 상황을 자세히 알아야 꼭 필요한 도움을 줄 수 있기 때문에 구호 단체가 열심히 애쓴 결과 덕분이지요.

구호 단체가 그다지 중요하게 여기지 않는 질문은 다음과 같아요. 학교까지 가는 데 한 시간 넘게 걸리는 어린이는 몇 명일까요? 학교에서 교복을 입는 어린이는 몇 명일까요? 생일잔치나 크리스마스 파티를 하는 어린이는 몇 명일까요? 용돈을 받는 어린이는 몇 명이며, 얼마를 받을까요? 여러분이 흥미를 느낄 것 같아서 이와 같은 질문에 대한 답을 찾아보려고 했지만 찾을 수 없었답니다. 자료가 없었거든요.

주요 출처

7쪽 우리는 누구일까요? – 유니세프, 『세계 아동 백서(The State of the World's Children (이하 SOWC)) 2017』

11쪽 언어 – 에스놀로그(Ethnologue)

13쪽 종교 – 퓨 리서치 센터(Pew Forum)의 '종교 및 공공 생활'

15쪽 도시와 농촌 – SOWC 자체 조사

16쪽 빈민가 – 유니세프, 《오스트랄라시안 메디컬 저널(AMJ)》

17쪽 노숙자 – 유니세프, YAP 인터내셔널

20쪽 바닷가의 삶 – 국제환경및개발연구소(IIED), 유엔 해양 회의

22쪽 산에서의 삶 – 코언, 스몰, 「지형 고저에 따른 인구 통계학: 해발 고도에 따른 인구 분포」, 미국국립과학원회보(PNAS), 1998

23쪽 군주국 – 미국 중앙정보국(CIA), 『월드 팩트북(The World Factbook)』

24쪽 민주주의 – 민주주의 지수 2018

28쪽 전쟁 – 유니세프

30쪽 난민 – 유엔난민기구(UNHCR)

32쪽 깨끗한 물 – SOWC

34쪽 전기 – 에너지피디아(Energypedia), 국제에너지기구(IEA)

36쪽 신발 – 자선 단체 '솔즈4소울즈(Soles4Souls)'

38쪽 빈곤 – SOWC

41쪽 한부모 가정 – UN

43쪽 고아 – 유니세프

45쪽 결혼한 소녀들 – SOWC

46쪽 엄마가 된 소녀들 – SOWC

48쪽 실업 – 경제협력개발기구(OECD), 국제노동기구(ILO)

50쪽 반려동물 – 독일소비연구협회(GfK)

53쪽 인터넷과 휴대 전화 – 국제전기통신연합(ITU)

57쪽 장난감 – 레고(Lego), 완구산업협회(TIA), NPD 그룹(NPD Group)

66쪽 스포츠 – 국제축구연맹(FIFA), 독일올림픽스포츠연맹(DOSB)

69쪽 채식주의자 – 『육류 아틀라스(Meat Atlas) 2014』

71쪽 비만 – SOWC

73쪽 예방 접종 – SOWC

75쪽 장애 – 유니세프

79쪽 근시 – 개발도상국시력센터(CVDW)

80쪽 병원에서 태어나는 아이 – SOWC

82쪽 아동 학대 – 세계보건기구(WHO)

85쪽 교육 – SOWC

90쪽 직업 교육 – 월드 데이터 아틀라스(World Data Atlas)

91쪽 노동 – 국제노동기구(ILO)

찾아보기

CO_2 34

ㄱ

가난 16, 17, 21, 38~39, 49, 79
가톨릭 13
간이 화장실 33
개 50~51
개발 도상국 15~17, 35, 37, 48~49, 53, 67, 86, 96, 98
개신교 13
거북이 51
건강 64, 70~72, 80, 92, 94
게임기 35, 58
결혼 45~46, 95, 98
경찰 16
고아 43~44
고양이 50~51
고향 30, 94
공부 35, 60, 90
과학자 21, 38, 58, 60, 73, 77
교육 46, 61, 83, 86~87, 90, 94
구걸 17
구구단 85
구호 단체 37, 94, 97

국가 15~17, 23~29, 31, 34~35, 46, 50, 53, 64, 71, 80, 94~96
권력 23
권력자 30
금지 60, 69, 83
기독교 13
기아 71, 97
기후 변화 15, 21

ㄴ

난민 30~31, 98
남아메리카 18, 22, 66
남태평양 21
노동 91, 98
노래 60~61
노숙자 17
놀이 28, 55, 57~58, 97
농부 15
농촌 15, 33, 49
뉴스 30, 54

당뇨 72
대도시 15~18
도시 15~16, 22, 33, 64

독일 11~12, 22, 25, 29~30, 34, 38, 42, 51, 60~61, 65~66, 91, 98
독재 24~25
독재자 28
돈 17, 37~39, 48, 54, 69, 90~91
동물 13, 50, 69
동화 23, 56
디즈니 56
따돌림 38

라틴 아메리카 10, 58
레고 56, 57, 98
로봇 56

맥주병 67
맨발 37
멕시코 22, 95
면역 세포 73
면역 체계 73
모국어 11~12
모니터 78
몸 73~74
무기 29, 92
무슬림 13, 69
문맹 87
물 32~33, 35

미국 10, 17, 56, 62, 66, 70, 72, 74, 90, 98
미키 마우스 56
민주주의 24~27, 98
밀수 92

바다 20~22
바비 인형 56
반려동물 50~51
방글라데시 11, 91, 94
배우다 11~12, 76~77, 85~87, 96
범죄 16~17, 54, 92
변기 32
보육원 44
부모님 11, 17~18, 30, 34, 37, 39, 41~43, 48~50, 54, 58, 62, 64, 79~80, 82, 85, 91, 95
부엌 35
부유하다 15, 30~31, 38
북아메리카 10, 30, 39, 50, 53, 57, 70, 82
불교 13
브랜드 의류 38
비건 69
비만 71~72, 98
비타민 70
비행기 96
빈곤 38~39, 64, 80, 86, 97~98
빵 70

ㅅ

살다 7, 10, 13, 15~18, 20~25, 28, 30~31, 33~39, 41~45, 48~49, 56~58, 67, 78, 85, 94, 96
생일 94
선거 24~25
선생님 54, 60, 76~78, 82
선진국 45, 48, 53, 87, 96
세계보건기구 46, 82, 98
세이브더칠드런 94
소녀 45~46, 66, 87, 95, 98
소년 66, 87
쇠똥 35
수업 60~61, 77
수영 66~67
수확 31
스마트폰 53, 55
스위스 22, 25, 60
스키 22
스파이더맨 56
스포츠 66, 98
슬럼 16
시각 장애 75
시위 54
신문 53, 87, 91
신발 36~37, 96, 98
실업 급여 48
싸우다 29, 79
쓰기 85, 87~88

ㅇ

아기 46, 53, 80
아빠 17, 41~43, 48
아시아 10, 25, 66~67
아프가니스탄 28
아프리카 10, 34~35, 39, 43, 45, 50, 60, 62, 66~67, 76, 78, 80, 86~87, 91
악기 60~61, 96
안경 78~79
안전 64, 67, 73, 80, 83
알프스산맥 22
어린이 병사 92
어린이 사망률 94
언어 11~12, 60, 98
엄마 17, 41~43, 46, 48, 80, 86, 95, 98
에너지 34
여왕 23
여행 39, 62~63, 96
영양실조 71, 95
영화관 76
예방 접종 73~74, 98
오스트레일리아 10, 23
오스트리아 22, 25, 60
온실 효과 34
올림픽 22, 98
왕 23
외국 20, 62
용돈 39, 91, 97
우물 33

웹사이트 75
유니세프 45, 98
유대인 69
유럽 10, 22, 29~30, 39, 50, 53, 57, 66, 70, 82~83
유엔 71, 94, 98
유엔아동기금 45
유치원 72, 85~86
유튜브 55
음식 35, 70, 72
음악 60~61
이슬람교 13
인권 45
인도 10~11, 13, 17, 39, 69~71, 95
인스타그램 55
인터넷 53~54, 98
일본 23, 56
읽다 35, 78, 85, 87~88, 94
읽어 주기 76

자동차 64
자연 34
자연재해 17, 30, 37
자전거 64~65
장난감 57~59, 98
장애 75~77, 98
장화 36
전기 16, 34~35, 98
전염병 73

전쟁 13, 28~31, 43, 92, 97~98
전통 35, 86
전화기 35
점자 75
점자 키보드 75
정권 60
정치인 24, 31, 38
조혼 45~46, 95
종교 13, 28, 69, 98
좋아하는 캐릭터 56
주말 62
죽음 43
중국 10~11, 13, 39, 70
중국어 11
지구 7, 34, 53, 96
지구 온난화 31
질병 73~74, 77, 79
집 16~18, 28, 30, 32~35, 37, 41, 45, 48, 53, 55, 57, 62, 64, 77, 80, 82, 85, 91
쫓기다 30, 76

차별 24, 83
채식주의자 69, 98
천연두 73
청각 장애 76
체조 66
최신식 기계 15
축구 66, 96, 98

친구 11, 13, 28~30, 38, 50, 53, 57, 61, 63, 65, 75, 79, 82

캐나다 10, 23
컴퓨터 35, 53, 55, 58

테니스 66
텔레비전 30, 35, 53, 55
토끼 51
톰과 제리 56
통치 24, 30

파키스탄 11, 31
패스트푸드 70
패치워크 가족 41
폭력 17~18, 82~83
폭탄 28
피부색 7, 24, 83
피자 70

학교 11, 16, 18, 28, 30, 37~38, 45, 48, 53, 61~62, 64~66, 70, 72, 76~77, 85~87, 90~91, 94~98

학년 48
학생 61, 78, 82, 85, 90
한국 11~12, 25, 28, 74, 80
한부모 가정 43, 46, 98
해수면 21
해변 20, 62
해수욕 20
해일 20~21
햄버거 70
헌 신발 37
혼합 체제 25, 27
홍수 17, 67
홍역 73~74
화장실 32~33
훈련 22, 73, 90
휠체어 76
휴가 62
휴대 전화 53~54, 98
힌두교 13

이 세상에 어린이가 100명이라면

1판 1쇄 찍은날 2019년 11월 8일
1판 3쇄 펴낸날 2021년 5월 18일

글쓴이 **크리스토프 드뢰서** | 그린이 **노라 코에넨베르크** | 옮긴이 **강민경**
펴낸이 **정종호** | 펴낸곳 **(주)청어람미디어**(청어람아이)
편집 **박세희** | 마케팅 **황효선** | 제작·관리 **정수진** | 인쇄·제본 **(주)에스제이피앤비**
등록 1998년 12월 8일 제22-1469호
주소 **03908** 서울 마포구 월드컵북로 375(상암동 DMC 이안상암 1단지) **402호**
전화 **02-3143-4006~8** | 팩스 02-3143-4003 | 이메일 chungaram@naver.com
ISBN 979-11-5871-119-1 73330

잘못된 책은 구입하신 서점에서 바꾸어 드립니다. 값은 뒤표지에 있습니다.

품명: 아동도서 | 사용연령: 8세 이상 | 제조국명: 대한민국 | 제조년월: 2021년 5월 | 제조자명: 청어람미디어
주소: 03908 서울 마포구 월드컵북로 375, 402호 | 전화번호: 02-3143-4006
종이에 베이거나 긁히지 않도록 조심하세요. 책 모서리가 날카로우니 던지거나 떨어뜨리지 마세요.
KC마크는 이 제품이 공통안전기준에 적합하였음을 의미합니다.